FLORIN LOWNDES

Die Belebung des Herzchakra

Scheitelchakra (oben) und Herzchakra (unten)
(nach Leadbeater)

FLORIN LOWNDES

DIE BELEBUNG DES HERZCHAKRA

Ein Leitfaden zu den Nebenübungen Rudolf Steiners

VERLAG FREIES GEISTESLEBEN

ISBN 3-7725-1620-3

2., durchgesehene und erweiterte Auflage 1997

Verlag Freies Geistesleben
Landhausstraße 82, 70190 Stuttgart

Umschlag: Walter Schneider unter Verwendung des Bildes
«Im Vorhof» von Beppe Assenza
Druck: WB-Druck, Rieden am Forggensee

INHALT

VORWORT

Das vorliegende Buch behandelt die von Rudolf Steiner gegebenen Übungen zur Entwicklung des Herzchakra, die allgemein unter der Bezeichnung «Nebenübungen» bekannt sind.

Das Buch ist aus Seminaren zur Belebung des Herzchakra, die ich in den Vereinigten Staaten und in Deutschland hielt, entstanden. Zunächst hatte ich einige Blätter mit Anweisungen vorbereitet, um sie den Teilnehmern auszuhändigen; sie wurden immer ausführlicher, bis sie schließlich zu einem Büchlein wurden, das die von mir entwickelte Methode zur Ausführung der Übungen darstellt. Dann wurde ich aufgefordert, eine für die Öffentlichkeit geeignete Fassung zu erarbeiten. So habe ich versucht, die in den Seminaren gegebenen mündlichen Erläuterungen und Ergänzungen so gut wie möglich schriftlich niederzulegen – obwohl dies leicht mißverstanden werden kann. Denn da solche Übungen von einzelnen Menschen ausgeführt werden, muß eine Methode immer einen ganz individuellen Charakter annehmen. Wenn sie in einem Buch für eine breitere Leserschaft dargestellt wird, dann bekommt die Darstellung notwendigerweise einen mehr theoretischen, allgemeinen Charakter.

Auch in meinen Seminaren habe ich versucht, mich immer an den Fragen und Bedürfnissen der einzelnen Teilnehmer zu orientieren und den Seminarablauf entsprechend zu gestalten. So möchte ich den Leser bitten, diese Ausführungen als Anregungen zu nehmen und immer in den Rahmen der eigenen Lebensumstände und der eigenen Fähigkeiten zu stellen. Nur dann wird die in dieser Schrift dargestellte Methode wirksam sein können, nicht aber, wenn sie buchstabengetreu, abstrakt und leblos angewendet wird. So richtet sich diese Schrift an denjenigen Leser, der diese Übungen tatsächlich zu machen versucht und nicht bloß seine Kenntnisse erweitern will. Nichts könnte mir eine größere Befriedigung geben, als wenn der Leser durch das Umgehen mit dieser Schrift in die Lage käme, seine eigene Methode auszubilden.

Was ich in den genannten Seminaren mitteilen konnte, sind Ergebnisse einer jahrzehntelangen Beschäftigung nicht nur mit den Nebenübungen selbst, sondern auch mit den ihnen zugrunde liegenden geistigen Prinzipien und mit den Gesetzmäßigkeiten ihrer Ausführung. Die entscheidende Wegweisung dafür habe ich von George O'Neil (1906 – 1988) bekommen. Seine Anweisungen habe ich erprobt und danach weiterentwikkelt, um zu neuen Aspekten zu kommen. So habe ich erkannt, daß diese Übungen aus einem neuen Denken geschaffen wurden, durch das allein die Belebung des Herzchakra im anthroposophischen Sinne letzten Endes möglich ist. Denn so wie diese Übungen von Rudolf Steiner gemeint sind, sollen sie unmittelbar auf die Quelle des modernen Bewußtseins verweisen: das Denken mit dem Herzen, das Herzdenken. Dieses Denken ist es, das in unserem Zeitalter entwickelt werden muß; durch die Belebung des Herzchakra wird seine physische Grundlage, sein eigenes physisches Organ aufgebaut. Damit ist gesagt, daß das körperliche Organ des neuen Denkens das Herz sowie sein übersinnliches Organ das Herzchakra ist.

Dieses Buch war ursprünglich als zweiter Teil einer Abhandlung über das Herzdenken gedacht, deren erster Teil Wesen und Methodik dieses Denkens darstellen sollte. Nun erscheint dieser Teil früher als der erste – dessen Erscheinen für Herbst 1997 vorgesehen ist –, und doch scheint diese Reihenfolge richtiger zu sein. Da die Nebenübungen vielen Lesern bekannter sind als die Denkart, die ihnen zugrunde liegt, kann dieses

Buch vielleicht tatsächlich eine bessere Einführung in den eigentlich grundlegenden Teil der genannten Abhandlung sein. – Es war mir ein wichtiges Anliegen, die hier behandelten Übungen in den Rahmen der heute weit verbreiteten Beschäftigung mit den Chakras hineinzustellen und damit zu zeigen, daß die Anweisungen Rudolf Steiners eine größere Zahl von Menschen ansprechen können. In diesem Sinne hoffe ich, mit diesem Buch auch diejenigen unmittelbar zu erreichen, die sich in der Gegenwart mit esoterischen Übungen aus allen möglichen Richtungen beschäftigen. Da soll dann dieses Buch einen Beitrag leisten, insbesondere durch das Gewicht des neuen Herzdenkens. Allen, die nach der Belebung des Herzchakra suchen, sei dieses Buch gewidmet.

Ich möchte hier meine Dankbarkeit denjenigen Menschen gegenüber zum Ausdruck bringen, die zur Entstehung dieses Buches beigetragen haben.

In erster Linie geht mein tiefgefühlter Dank an Dr. Bernhard Wöhrmann, der mir während des Schreibens ein wertvoller Gesprächspartner war und ein unermüdlicher Beistand bei meinem Ringen, meine Gedanken und Erlebnisse in die abstrakten Worte zu übertragen, von denen er auch die ersten schriftlichen Ergebnisse durchgesehen und geprüft hat.

Ein besonderer Dank geht an den Verlag Freies Geistesleben, der mich zu diesem Buch aufgefordert hat, sowie an Doris Hecht, die mir geholfen hat, meinen Text in ein flüssiges Deutsch zu bringen, ohne meine stilistischen Absichten aus dem Auge zu verlieren.

Nicht zuletzt möchte ich meinen jungen Studentenfreunden Mark Riccio, Michael Münkle und Malte Dierchen einen warmherzigen Dank aussprechen, die das erste Seminar zum Thema dieses Buches gewünscht und organisiert haben.

Stuttgart, Juni 1996 *Florin Lowndes*

ERSTER TEIL:
DIE CHAKRAS

↓

= Rad in (sanskrit)

Inka & Azteken
↓
"Blumen"

↓

"Lotusblüten"
auch genannt

Rudolf Steiner verwendete das
Wort: "Lotusblumen"

ZUR METHODE

Einleitend soll versucht werden, einige Hinweise auf die Grundlagen und die Zusammenhänge des hier dargestellten Übungsweges für die Entwicklung des Herzchakra zu geben. Der Leser, der nur an der Ausführung der Übungen interessiert ist, kann unmittelbar zum zweiten Teil des Buches übergehen; derjenige aber, der die Übungen in ihrer organischen, lebendigen Komplexität und in ihren Wirkungen zu begreifen sucht, sollte auch die einführenden Kapitel lesen. Außerdem sei schon hier darauf aufmerksam gemacht, daß es für ein richtiges Erfassen der vielleicht ungewohnten Aspekte des hier Dargestellten hilfreich ist, die vertrauten Vorstellungen über das behandelte Gebiet zurückzuhalten, bis ein Gesamtüberblick gewonnen ist.

Den Ausführungen wurde so oft wie möglich statt eine schildernde eine mehr systematische oder tabellarische Form gegeben; denn es schien dem Verfasser, der Leser könne sich dadurch freier fühlen, eine der eigenen Neigung und Erfahrung angepaßte Form zu finden.

Gesichtspunkte

Die hier dargestellten Übungen werden unter den folgenden Gesichtspunkten betrachtet: 1. als Übungen zur Belebung des Herzchakra (Chakra-Übungen); 2. als neuzeitlich erneuerter Schulungsweg der Esoterik; 3. als Tätigkeitsfeld der Seelenkräfte und der Gegenkräfte; 4. als selbständige dynamische Meditation (die Gesamtübung); 5. als Ausdruck des organisch-lebendigen Denkens Rudolf Steiners; 6. als Beispiele für Unschärfen bei der geistigen Erfahrung.

1. Die Chakras sind Organe der unsichtbaren, geistigen Leiber beziehungsweise Kräfteleiber des Menschen. Sie entwickelten sich im Laufe der Menschheitsgeschichte einerseits auf *natürliche* Weise, andererseits durch bewußte, gezielte esoterische Schulung. Durch eine solche Schulung kann die Entwicklung dieser Organe beschleunigt werden, dadurch wird sie zum Wegweiser für die natürliche Entwicklung. Rudolf Steiner erwähnt in einigen Schriften und frühen Vorträgen einen Schulungsweg für die Entwicklung der Chakras; in seinem Buch *Wie erlangt man Erkenntnisse der höheren Welten?* (GA 10) und an anderen Stellen spricht er über die besondere Entwicklung des Herzchakra, welches er als das für unsere Zeit entscheidende Chakra betrachtet.

2. In der Gegenwart finden sich, wenn man auf ihre Urquellen schaut, zwei Schulungswege der Esoterik: der eine geht aus dem traditionellen, alten, aber *erneuerten* Weg hervor, der andere ist ein wirklich neuer Weg. Der erste begann mit dem Kali Yuga – seine erste Phase war der Yoga – und ist gegenwärtig im Schwinden: Während durch Jahrtausende hindurch die Schulung in geheimen, ausgewählten, esoterischen Kreisen stattfand, ist dieser Weg heute durch das Zerfallen seiner Traditionen und durch das Hineindringen in die Öffentlichkeit immer exoterischer geworden. Der zweite Weg begann am Ende des Kali Yuga; er ist seinem Wesen nach eigentlich nicht ein geheim-okkulter, sondern nur deshalb heute verborgen, das heißt esoterisch, weil die meisten Menschen, die einen modernen Übungsweg suchen, ihn noch nicht gefunden haben (siehe die Skizze). Dieser Schulungsweg ist tatsächlich «offenbares Geheimnis» im Goetheschen Sinne, eine geheime

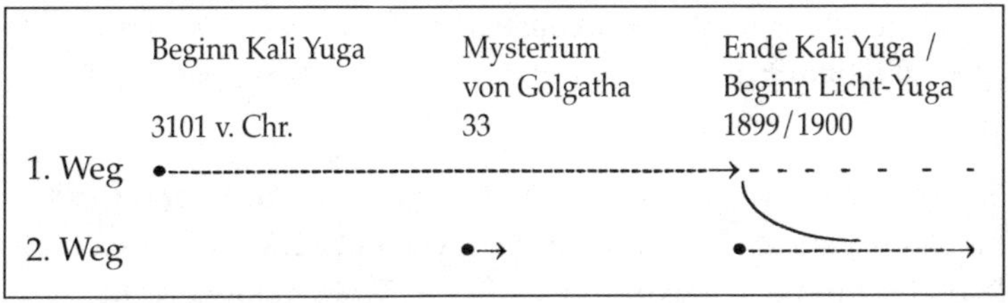

Offenbarung; er ist *eso*terisch und *exo*terisch zugleich, und er ist dem Zeitalter des Lichtes, dem Licht-Yuga, angemessen. Der sogenannte «esoterische Weg» Rudolf Steiners, zuerst dargestellt in *Wie erlangt man Erkenntnisse der höheren Welten?*, ist seit dem Beginn der neuen Schulungsmöglichkeiten zum «Umweg» geworden, denn er führt nicht mehr auf direktem Weg zum Ziel. Für unser Zeitalter ist der zweite Weg der direkte, aber deshalb auch ein steiler Weg. Die hier behandelten Übungen gehören eigentlich zum erneuerten ersten Weg, aber sie sind von Rudolf Steiner aufgrund seiner Erfahrung mit dem neuen Weg so gestaltet, daß sie eine Brücke, eine Hinführung vom erneuerten zum tatsächlich neuen Weg schaffen. Im Kapitel «Die zwei Wege der Esoterik» findet sich eine ausführliche Begründung dieses Gesichtspunktes.

3. Die hier behandelten Übungen beziehen sich auf die im Sinne der Anthroposophie Rudolf Steiners verstandenen menschlichen Seelenkräfte – Denken, Fühlen und Wollen –, auf die sieben Wesensglieder des Menschen und auf die Wirkung der trinitarischen Gegenkräfte – Luzifer, Ahriman und Asuras.

4. Die Übungen werden, in ihrem Verhältnis zueinander und im Rahmen der hier geschilderten Zusammenhänge, zunächst als sechs einzelne Übungen und dann als ein Gesamtübungsorganismus betrachtet. Dieser Organismus wird als *eine* selbständige Übung, als eine *dynamische* Meditation – also nicht als eine «Nebenübung» – zur Belebung des Herzchakra dargestellt.

5. Der Organismus der sechs Übungen wird auf der Grundlage des organisch-lebendigen Denkens entwickelt. Dieses Denken, das über das gewohnte, logische Denken hinausgeht, wurde zuerst von Rudolf Steiner als ein völlig neuartiges Denken ins Bewußtsein gehoben und zum ersten Mal in seiner *Philosophie der Freiheit* (GA 4) in die Welt gestellt. Die Übungen sind also durch die Anwendung dieses Denkens erarbeitet, doch sind sie gleichzeitig ein Trainingsmittel, um dieses Denken selbst zu lernen.

6. Dem Leser wird vielleicht mehrmals im Laufe dieser Ausführungen das Dargestellte unscharf oder undeutlich erscheinen, insbesondere wenn über die Wirkungen bestimmter geistiger Wesenheiten gesprochen wird. Dazu möge er bedenken, daß man sich während der richtigen Ausführung der Übungen bewußt oder unbewußt an der Schwelle zum Übersinnlichen stößt oder sogar diese Schwelle in die geistige Welt hinein überschreitet. Für die Erfahrungen innerhalb der vertrauten Sinnenwelt gelten die Vorstellungen und Prinzipien des normalen, logischen Denkens; Voraussetzungen und Ergebnisse können mit zweifelsfreier Sicherheit nachvollzogen werden. Für die Erfahrungen hingegen, die jenseits oder an der Schwelle der geistigen Welt gemacht werden, also im übersinnlichen Bereich, gelten dieses Denken und die ihm zugehörigen Methoden nicht mehr. Denn die Gegenstände und Prozesse in diesem Bereich, zu dem die Chakras und ihre Tätigkeit gehören, lassen sich nicht mehr mit Genauigkeit bestimmen oder messen; man kann sie nicht mehr so scharf erfassen, daß man sie mit exakter Kontur schildern könnte. Nach diesem «Unschärfeprinzip» sind viele Aussagen der Geisteswissenschaft Rudolf Steiners über das Übersinnliche zu verstehen.[1] Darauf machte er selbst aufmerksam, als er von Grenzen sprach, die in der Geisteswissenschaft immer angewendet worden seien, und hinzufügte: «aber diese sind ungenau.» (GA 55, S. 173.) Diese wesentliche Aussage Rudolf Steiners, die für seine geisteswissenschaftliche Methode bestimmend ist, wurde gemacht in einem Vortrag über den Lebenslauf des Menschen, im Zusammenhang mit den Siebenjahresperioden, also in einem Bereich, wo das Übersinnliche im Sinnlichen seine Wirkung, aber nicht sein Wesen zeigt.

*

Die hier angewandte Methode gründet sich auf das organisch-lebendige Denken Rudolf Steiners. Indem dieses Denken nicht vom Gehirn und vom Nerven-Sinnessystem abhängt, sondern seine Grundlage in der Physiologie des Herz-Lungensystems hat, ist es ein Herzdenken. Die Gesetze dieses Denkens wurden von Rudolf Steiner nur sparsam und in verhüllter Weise ausgesprochen; sie wurden von George O'Neil umfassend herausgearbeitet und vom Verfasser detailliert und systematisch zusammengefaßt.

Das organisch-lebendige Denken hängt mit dem Bau der menschlichen Wesensglieder zusammen, wie sie im Kapitel «Das Wesen des Menschen» in der *Theosophie* (GA 9) dargestellt sind. Für diese Abhandlung wird von den dort geschilderten Strukturen nur die siebengliedrige Struktur verwendet, welche folgende Wesensglieder umfaßt: physischen Leib, Ätherleib,

1 Die Gegenstände und Prozesse in diesem Bereich, zu dem die Chakras und ihre Tätigkeit gehören, benehmen sich teilweise ähnlich wie die Teilchen der Kernphysik. Nach dem Heisenbergschen Prinzip der «Unschärferelation» kann man nicht gleichzeitig den Ort und den Impuls eines Teilchens mit beliebiger Genauigkeit bestimmen oder messen; man kann sie also nicht innerhalb genauer Grenzen so erfassen, daß man sie mit exakter Sicherheit schildern könnte.

Ich-Ebene	Ich-Organisation	
Astralebene	Astralleib	Geistselbst
Ätherebene	Ätherleib	Lebensgeist
physische Ebene	physischer Leib	Geistesmensch

Astralleib, Ich-Organisation oder Ich[2] als Seelenkern, Geistselbst, Lebensgeist und Geistesmensch. Diese Struktur offenbart eine regelmäßige, symmetrisch-rhythmische Gestalt auf vier Ebenen: auf physischer, ätherischer, astralischer, geistiger beziehungsweise Ich-Ebene. Auf ihnen ist der Organismus der sechs Übungen nach den Grundgesetzen des Lebendigen – Rhythmus, Polarität, Steigerung und Umstülpung – aufgebaut (siehe die Skizze).

Die auf der rechten Seite genannten Wesensglieder entstehen dadurch, daß die Ich-Organisation die auf der linken Seite genannten umwandelt. Auf den drei unteren Ebenen stehen jeweils zwei Wesensglieder in einem polaren Verhältnis zueinander und gleichzeitig in einem Innen / Außen- beziehungsweise Außen / Innen-Verhältnis:

2 Die Verwendung des Begriffs «Ich» unterliegt dem oben genannten «Unschärfeprinzip». Das wahre Ich selbst tritt nie in die Erscheinung; es ist nur durch seine Wirkungen, durch seine Tätigkeit auf den vier Erscheinungsebenen des Physischen, Ätherischen, Astralischen und des Ich begreifbar. So betrachtet kann man die «Formen» des Ich folgendermaßen unterscheiden:
Das Ich als das höhere Selbst, die ewige Individualität, ist nicht direkt zu fassen, sondern nur intuitiv erlebbar. Dieses Ich umfaßt die höheren, rein geistigen Wesensglieder: Geistselbst, Lebensgeist und Geistesmensch. – Die Ich-Organisation umfaßt die «drei Seelen» (Empfindungsseele, Verstandes- oder Gemütsseele und Bewußtseinsseele), auf die das Ich zunächst wirkt und durch die hindurch es seine Tätigkeit weiter in Astralleib, Ätherleib und physischen Leib erstreckt. Der Ich-Leib erscheint als «negativer» Leib im Verhältnis zu den anderen drei «positiven» Leibern. – Die Ich-Ebene stellt die Gesamtheit aller oben genannten Aspekte dar.

- Außen/Innen: die drei Leibesglieder als Ausdruck der inneren Geistglieder;
- Innen/Außen: die drei Leibesglieder als innerer verdichteter Kern (Persönlichkeit) und die drei Geistglieder als äußere kosmische Wesen (Individualität, Entelechie).

Die drei Seelenkräfte der Ich-Organisation – Denken, Wollen, Fühlen – zeigen ihre Wirkungen auf den drei Ebenen in folgender Weise: das Denken auf der Ebene des physischen Leibes, das Fühlen auf der Ebene des Astralleibes und das Wollen auf der Ebene des Ätherleibes. Von den drei Gegenkräften wirkt Luzifer auf der Astralebene, Ahriman auf der Ätherebene, und die Asuras wirken auf der physischen Ebene. (Diese Zusammenhänge werden im Laufe dieser Ausführungen noch deutlicher dargestellt werden, insbesondere im Kapitel «Erklärung des Aufbaus» und im 4. Teil.)

Seelenkräfte der ICH-Organisation

Ich-Ebene		
Astralebene	Fühlen	Luzifer
Ätherebene	Wollen	Ahriman
physische Ebene	Denken	Asuras

Methodisch gesehen erscheint auch die Frage nach einem Lehrer als eine wesentliche, insbesondere wenn man die Ermahnungen Rudolf Steiners in *Wie erlangt man Erkenntnisse der höheren Welten?* (Kapitel «Über einige Wirkungen der Einweihung» und Nachwort) berücksichtigt. Sollen sich Menschen, die an der Entwicklung der Chakras arbeiten und selbst noch keine höheren Wahrnehmungsfähigkeiten besitzen, einem Lehrer, der derartige Fähigkeiten hat, anvertrauen? Diese Frage wird sich durch die Veröffentlichung dieses Buches berechtigterweise stellen – wobei betont werden soll, daß der Verfasser keinerlei derartige Funktion beansprucht, sondern einfach von seiner Erfahrung erzählt. Eine Antwort auf diese Frage und eine Rechtfertigung der hier angewandten Methode wird im letzten Kapitel dieser Schrift versucht.

Die Wesensglieder des Menschen – zwei Anschauungsweisen

Von den oben erwähnten Wesensgliedern ist nur der *physische Leib*, der Körper, für die normalen Sinnesorgane wahrnehmbar; er wird deshalb der sinnlichen Welt zugeordnet, während die anderen Wesensglieder, die nur durch höhere oder übersinnliche Organe wahrgenommen werden können, der übersinnlichen oder geistigen Welt angehören. Diese übersinnlichen Wesensglieder können also nur von Menschen, die solche Organe besitzen, das heißt von hellsichtigen Menschen wahrgenommen werden. Von diesen Wesensgliedern sind in der Anthroposophie außer dem physischen Leib auch die zwei nächsten Glieder als «Leiber» bezeichnet – *Ätherleib* und *Astralleib* –, denn sie wirken unmittelbar in den physischen Leib mit seinen Organen und Funktionen und damit in Räumliches und Zeitliches hinein, und sie enthalten eine Art von Stofflichkeit, auch wenn diese im höchsten Grad verfeinert, wie homöopathisch potenziert ist. In ähnlichem Sinne kann man auch von einem Ich-Leib sprechen, der ebenfalls im Raum gestaltet ist, aber als negativer Raum, als Leere erlebbar wird und keinerlei Stofflichkeit enthält. Die darüber hinausgehenden Wesensglieder sind rein übersinnlicher oder geistiger Art; sie können nicht mehr als Leiber betrachtet werden, sondern als Seelen- oder als reine Geistglieder.

Die drei geistigen Leiber erscheinen der übersinnlichen Schau als sich immer weiter über den physischen Leib hinaus ausbreitend. (Im Folgenden wird nur eine knappe, für diese Ausführungen ausreichende Schilderung gegeben; ausführliche, detaillierte Beschreibungen finden sich in der betreffenden allgemeinen Literatur, insbesondere in der *Theosophie* und in *Wie erlangt man Erkenntnisse der höheren Welten?*) Der Ätherleib wird wahrgenommen als eine Lichtgestalt, die aus ständig schwingenden, vibrierenden, einander durchkreuzenden Kraftströmen besteht. Er ist der Form des physischen Leibes ähnlich, nur etwas größer, indem er sich einige Zentimeter über die Hautoberfläche hinaus erstreckt. Der Astralleib erscheint dem Hellseher als eine wolkenartige Gestalt von Licht und Farbe, ungefähr in der Form eines großen Eies, etwa doppelt so hoch und breit wie der physische Körper, der sich in der Mitte dieses Eies befindet. Der Ich-Leib ist nicht mehr als Gestalt zu verstehen, sondern er zeigt sich als ein negativer Raum, eine Leere, ein Loch, wie ein «Sonnenraum» im Sinne Rudolf Steiners, oder auch als funkelndes, glitzerndes, sich selbst stets neu erzeugendes reines Licht, das über den Astralleib hinaus strahlt (siehe Abb. 1).

Obwohl diese übersinnlichen Leiber nur einem Hellseher wahrnehmbar sind, können sie doch auch dem normalen Menschen erlebbar werden. Dies kann dann geschehen, wenn die Lebenskraft, die Seelenstimmungen oder das Gefühl des eigenen Selbst extrem beansprucht werden, beispielsweise bei schweren Krankheiten, bei starken seelischen Belastungen oder existentiellen Notsituationen. Bei Krankheit kann man oft ganz eindeutig fühlen, daß die lebendige Kraft nicht ausreicht, den Körper auszufüllen; man erlebt seine Gestalt als kleiner, der physische Leib zieht sich wie in sich zurück. Das Gegenteil geschieht, wenn man sich wohlfühlt, zum Beispiel nach einem besonders erholsamen Urlaub oder nach wohltuender körperlicher Aktivität, wenn man von Energie «strotzt» und diese Energie als reales Kribbeln über die Haut hinaus spürt. Besonders bei Trauer oder Seelenschmerz kann der Astralleib von vielen Menschen als eine dunkle, schwere, dichte Wolke erlebt wer-

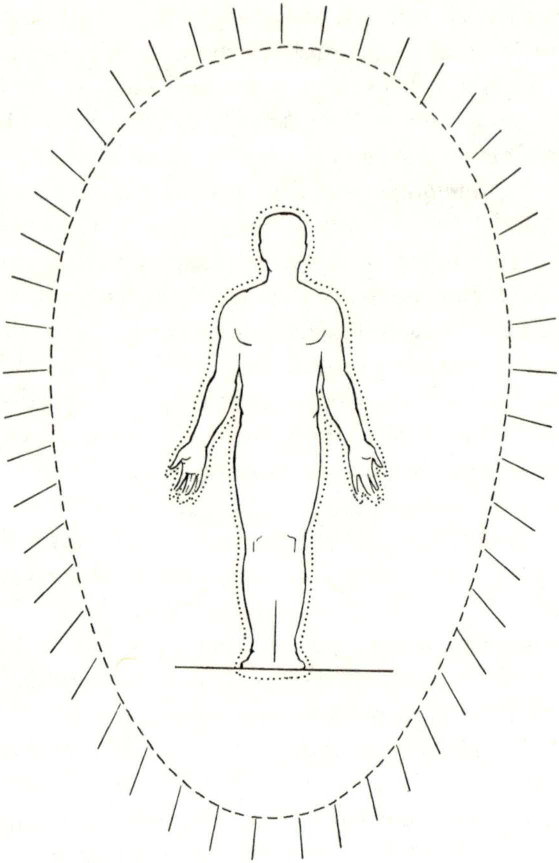

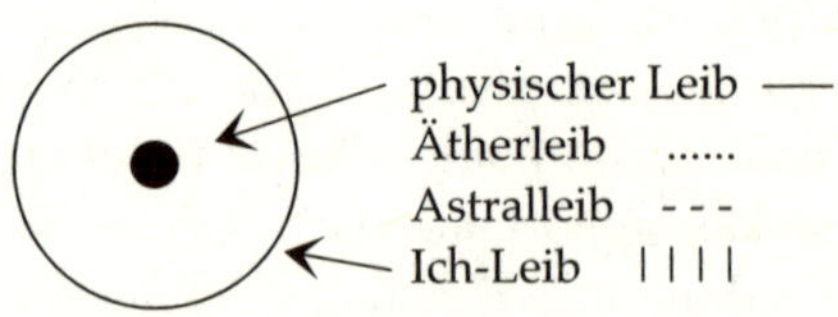

Abb. 1: Aura der drei Leiber

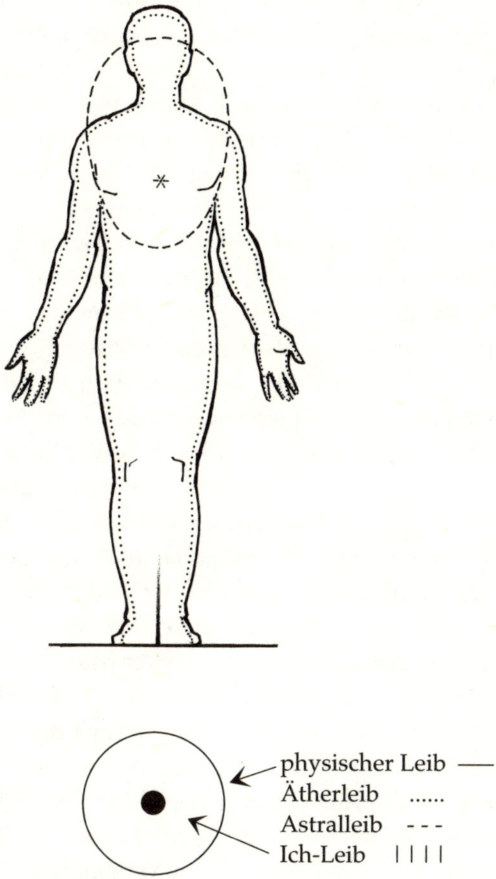

Abb. 2: Die drei Leiber nach innen

den, meistens im oberen Teil des Körpers, in der Brust- und Kopfgegend. Bei großer Freude stellt sich dagegen ein helles, lichtvolles Gefühl ein, als ob man im oberen Teil des Körpers von Licht und schönen Farben durchdrungen sei.

Ähnlich kann man auch ein Gefühl oder eine ahnungsmäßige Wahrnehmung des eigenen Ich-Leibes haben, wenn man zum Beispiel, während man die eigene Überzeugung zum Ausdruck bringt oder um Entschuldigung bittet, selbst – manchmal mit dem Zeigefinger – auf einen bestimmten Punkt des eigenen Leibes hindeutet oder ihn auch berührt oder klopft. Man erlebt dann das, was man als Zentrum seines eigenen Wesens fühlt, als einen bestimmten Punkt tief drinnen in der Herzgegend (siehe Abb. 2).

Das Wahrnehmen der übersinnlichen Leiber kann also nach zwei Richtungen geschehen: von innen nach außen und von außen nach innen. Bei der ersten Richtung fängt man beim physischen Leib an, von der Mitte wie von einem Punkt, und man nimmt die anderen Leiber wahr, wie sie diesen Punkt umkreisen, umhüllen: vom Punkt zum Kreis. Bei der zweiten Richtung fühlt man die übersinnlichen Leiber immer mehr abnehmend, bis man den Ich-Leib als Zentrum, als Punkt erlebt. Diese beiden Wahrnehmungsrichtungen entsprechen, gemäß dem Unschärfeprinzip, der Wirklichkeit dieser Leiber so, daß man sie zugleich innerhalb und außerhalb des physischen Leibes finden kann. Die Gesamtheit der übersinnlichen Wesensglieder ist unter der Bezeichnung «Aura» bekannt, wodurch der Gesichtspunkt des Hellsehers – Punkt/Kreis – berücksichtigt wird, während die verschiedenen Grade von Sich-Wohlfühlen auf den Gesichtspunkt des normalen Menschen hinweisen – Kreis/Punkt. Ein richtiges Begreifen der im Verlauf dieser Ausführungen behandelten Übungen erfordert ein Verständnis dieser Polarität Innen/Außen beziehungsweise Punkt/Kreis.

* *
*

DIE TRADITIONELLE CHAKRA-LEHRE

Dieses Kapitel soll einen knappen, doch für die Ziele dieser Abhandlung ausreichenden Überblick über die Chakras geben und so die Ausführungen in einen breiteren Rahmen stellen. Durchgängig wird hier die Bezeichnung «Chakra» verwendet, abgesehen von Zitaten, in denen andere Ausdrücke gebraucht werden.

Es steht heute eine umfangreiche Literatur über die Chakras zur Verfügung, entstanden durch das Suchen einer immer größeren Anzahl von Menschen nach übersinnlichen Erfahrungen. Diese Literatur orientiert sich fast ausschließlich an der Chakra-Lehre der orientalischen Tradition. Die vorliegende Arbeit weist aber in eine andere Richtung.

Rudolf Steiner knüpft in seiner Geisteswissenschaft (Anthroposophie), obwohl diese ihrem Wesen nach in die Zukunft weist, teilweise an diese traditionelle Chakra-Lehre an. Diese Anknüpfung erfolgte, als er am Anfang dieses Jahrhunderts seine geisteswissenschaftliche Tätigkeit vor allem im Rahmen der von ihm begründeten deutschen Sektion der Theosophischen Gesellschaft weiterentwickelte. In diesem Rahmen veröffentlichte er 1904/05 in seiner Zeitschrift «Luzifer-Gnosis» eine Reihe von Aufsätzen, die seit 1909 unter dem Titel *Wie erlangt man Erkenntnisse der höheren Welten?* als Buchausgabe vorliegen. In diesem Buch liegt das Hauptgewicht auf bestimmten Übungen zur Entwicklung der Chakras, die zur Erkenntnis der höheren Welten führen sollen, und zwar in einer Weise, die unserem Zeitalter, das heißt der gegenwärtigen Stufe der Menschheitsentwicklung angemessen ist.

In diesem Sinne unterscheidet sich die Chakra-Lehre Rudolf Steiners wesentlich von den anderen Lehrrichtungen der Gegenwart. Diese führen eigentlich nur zu einer Wiederholung des alten Wissens und haben nur eine begrenzte Gültigkeit, insbesondere auf dem Gebiet der geistigen Heilung. Rudolf Steiner gründete seine Chakra-Lehre auf ein von ihm schon früher entwickeltes *neues Denken,* während die im Westen weitergeführte östliche Tradition immer noch im alten Denken wurzelt. (Dieses Thema wird im vierten Teil dieses Buches «Das neue Denken mit dem Herzen» behandelt.) Das ist der entscheidende Unterschied. Denn Rudolf Steiner hat seine Chakra-Lehre nur äußerlich an die Tradition angeknüpft; innerlich hat er sie auf ganz neuer, von der Zukunft her bestimmter Grundlage aufgebaut. Berücksichtigt man diesen Unterschied, dann ist auch für die Anthroposophie eine Chakra-Lehre unentbehrlich; sie soll aber ganz anders ergriffen werden als die konventionell-traditionelle. (Vielleicht ist der Grund, warum sich die meisten Menschen, die sich mit Rudolf Steiners Anthroposophie beschäftigen, nicht für die Chakras interessieren, darin zu suchen, daß dieses Thema noch nicht befriedigend behandelt wurde.)

In den letzten Jahrzehnten seit der Veröffentlichung von *Wie erlangt man Erkenntnisse der höheren Welten?* – die letzte von Rudolf Steiner selbst besorgte Ausgabe erschien im Jahre 1922 – wurden in der Untersuchung der Chakras und ihrer Aufgaben wesentliche Fortschritte gemacht. Das hängt damit zusammen, daß sich viele Menschen im Westen mit den Chakras beschäftigten, einerseits indem sie damit unmittelbare Erfahrungen machten, andererseits indem eine kleine Zahl von wissenschaftlichen Forschern, selbst auf dem Boden der modernen Naturwissenschaft stehend, ihre wissenschaftliche Arbeit auf das Gebiet der übersinnlichen Erfahrungen, insbesondere auf die Chakras, richtete. Hier ist vor allem die Arbeit der Amerikanerin Valerie Hunt zu nennen, die durch ihre Untersuchungen an der Universität von California in den siebziger und achtziger

Jahren zum ersten Mal aufgrund exakter wissenschaftlicher Messungen die Wirkungen rein geistiger Prozesse, wie sie von verschiedenen Hellsehern im Zusammenhang mit den Chakras wahrgenommen wurden, im Bereich des Physisch-Stofflich-Energetischen nachgewiesen hat (Hunt 1995).

Für einige Aussagen in diesem Kapitel habe ich verschiedene Arbeiten auf diesem Gebiet berücksichtigt, namentlich *Licht-Arbeit* von Barbara Ann Brennan, weil sie mir ausgewogen und wissenschaftlich begründet zu sein scheint. Ich habe auch das Buch *Die Chakras* von Charles Leadbeater herangezogen, weil es zum Umkreis von *Wie erlangt man Erkenntnisse der höheren Welten?* gehört und Rudolf Steiner selbst auf die hellseherischen Zeichendarstellungen von Leadbeater hingewiesen hat.

Die Chakras

Die Chakras sind den übersinnlichen Leibern gemeinsame Organe; sie durchdringen diese und haben für jeden dieser Leiber eine bestimmte Aufgabe. Sie entstehen dort, wo bestimmte Ströme geistiger Energie sich dauernd durchkreuzen. Innerhalb eines Leibes beziehungsweise einer Schicht der Aura erscheinen sie als Kraftzentren, die die nötige Energie für den Leib bereiten und seine Funktion regeln.

Im Ätherleib sorgen die Chakras für die Lebenskraft und die Energie, die notwendig ist, um die Funktion des Körpers und die Gesundheit zu erhalten. Jedes Chakra versorgt jeweils den ihm zugeordneten Körperteil und dessen zugehörige Organe, einschließlich der endokrinen Drüsen, der Nervenganglien und so weiter. Auf dieser Ebene steuern die Chakras die Lebensprozesse; sie sind die geistigen Organe des Lebens, sind *Lebensorgane*.

Im Astralleib sorgen die Chakras für die Entwicklung der verschiedenen Aspekte des Bewußtseins, des Selbstbewußtseins, aber auch des höheren, übersinnlichen Bewußtseins. Durch die Entwicklung der Chakras selbst wird die Grundlage für die Erkenntnis der höheren, übersinnlichen Welt und ihrer Wesenheiten geschaffen. Auf dieser Ebene sind die Chakras *geistige Wahrnehmungsorgane.*

Auf der Ebene des Ich-Leibes vereinigen sie sich in den Strahlen, welche das Schwingungsgerüst für den Ausdruck der geistigen Individualität schaffen.

«Chakra» – Rad auf Sanskrit – ist in der Fach- und populären Literatur der heute gebräuchlichste Ausdruck, um diese Organe zu benennen. In der indischen esoterischen Tradition wurden die Chakras symbolisch oft als Lotusblüten geschildert und auch mit diesem Namen bezeichnet; in der mittelamerikanischen Tradition der Inkas und Azteken wurden sie «Blumen» genannt. Rudolf Steiner hat statt der Bezeichnung «Chakras» meistens das deutsche Wort «Lotusblumen» verwendet. – In der Literatur werden drei Arten von Chakras erwähnt: 7 Hauptchakras, 21 sekundäre oder Nebenchakras und eine große Zahl von kleinen Chakras – es werden bis zu 88000 genannt (Sharamon und Baginski, S. 25) –, durch welche die bekannten Akupunktur-Meridiane entstehen. Im vorliegenden Zusammenhang werden nur die Hauptchakras behandelt.

Die Chakras erscheinen dem hellsehenden Wahrnehmen als Konzentrations- oder Interferenzpunkte der Energieströme, in der Gestalt etwa einem Trichter oder einem Blütenkelch ähnlich, jeweils mit einer bestimmten Anzahl von «Blättern» und einer bestimmten «Farbe» und in einem fortwährenden Schwingungs- oder Vibrationszustand. Diese Gebilde verbinden sich einerseits durch eine Verlängerung ihrer Spitze mit dem Hauptkraftstrom, von dem alle Chakras stammen, und öffnen sich andererseits an der Oberfläche des Ätherleibes oder in den verschiedenen Schichten des Astralleibes (siehe Abb. 3). Diese Öffnungen werden von den meisten Hellsehern so beschrieben,

Chakra des Erwachsenen

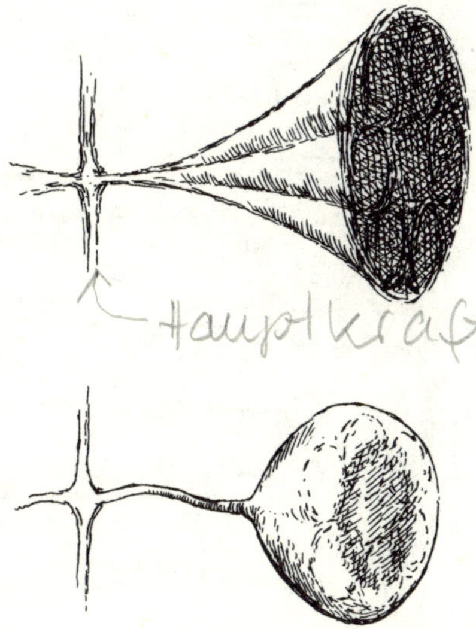

Chakra des Kindes

Abb. 3: Chakra des Erwachsenen und des Kindes (nach Brennan)

wie sie an der Oberfläche des Ätherleibes an bestimmten Stellen erscheinen: etwa drei Zentimeter über der Hautoberfläche und mit einem Durchmesser von ungefähr 15 Zentimetern. Diese Öffnungen erscheinen also in der Form einer Blüte oder einem Rad ähnlich und in mehrere «Blätter» oder «Speichen» unterteilt. Von diesen Blättern oder «Schwingungsfeldern», wie Leadbeater sie nennt, sagt Barbara Brennan: Sie «erweisen sich als kleine, sehr schnell rotierende Wirbel. Jeder Wirbel wandelt eine bestimmte Energieschwingung um, die mit der Spin-Frequenz des Wirbels in Resonanz steht.» (Brennan, S. 100.) Nach der Zahl dieser Blätter sind die Chakras am besten klassifizierbar.

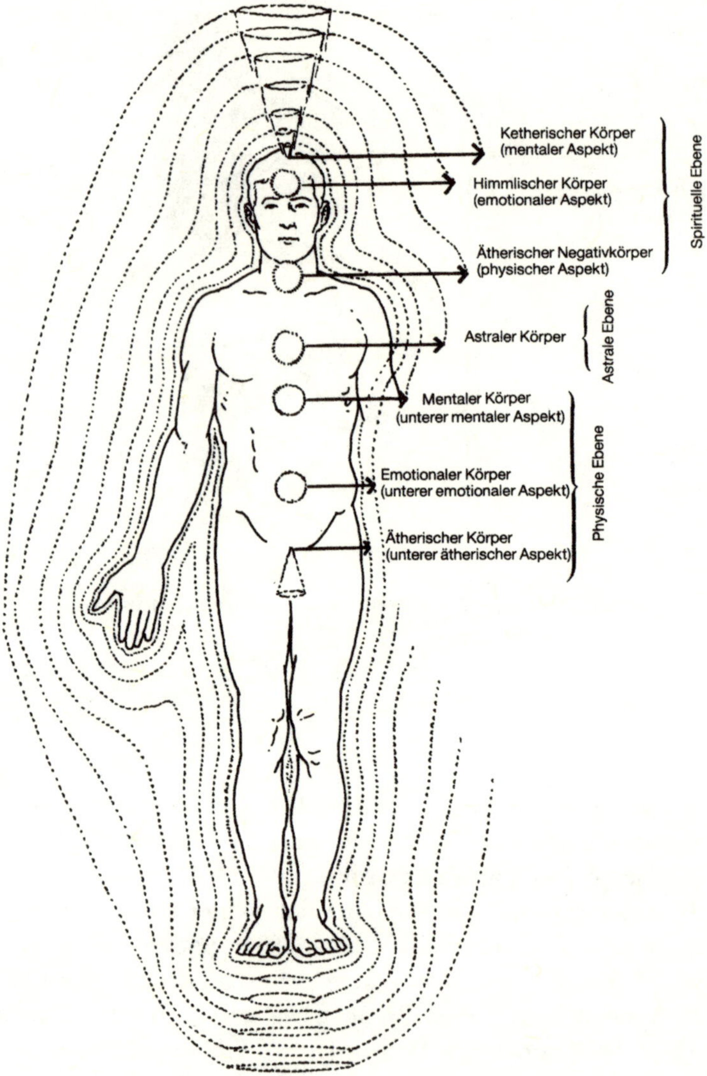

Abb. 4a: Die sieben Auraschichten im Zusammenhang mit den sieben Hauptchakras (nach Brennan)

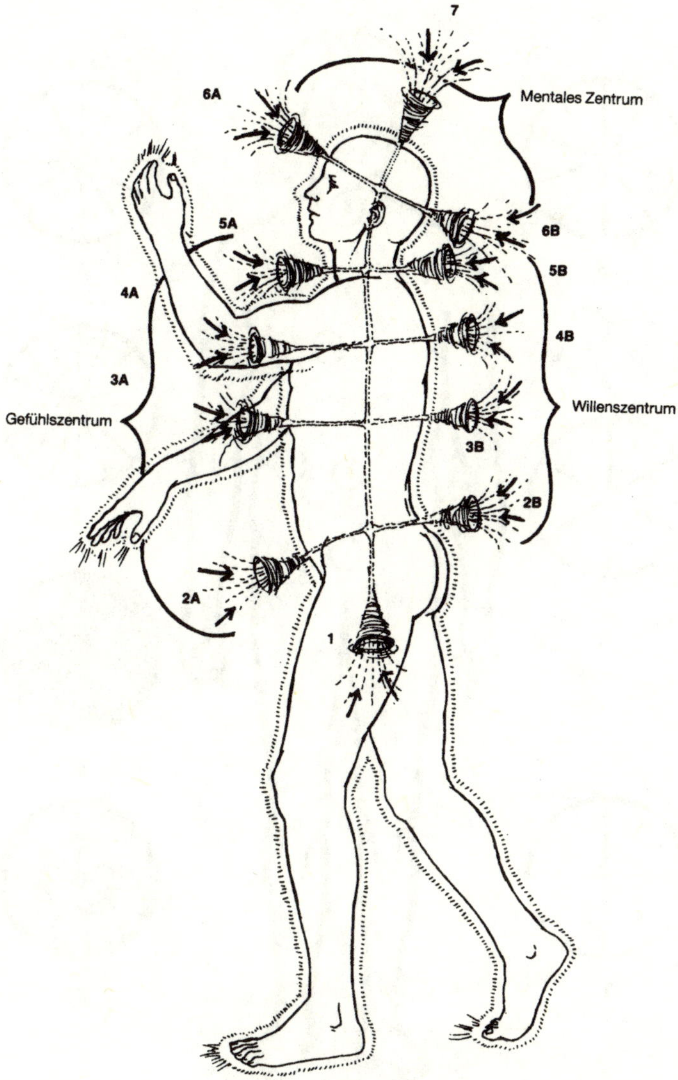

Abb. 4b: Die sieben Hauptchakras an der Vorder- und Rückseite (nach Brennan)

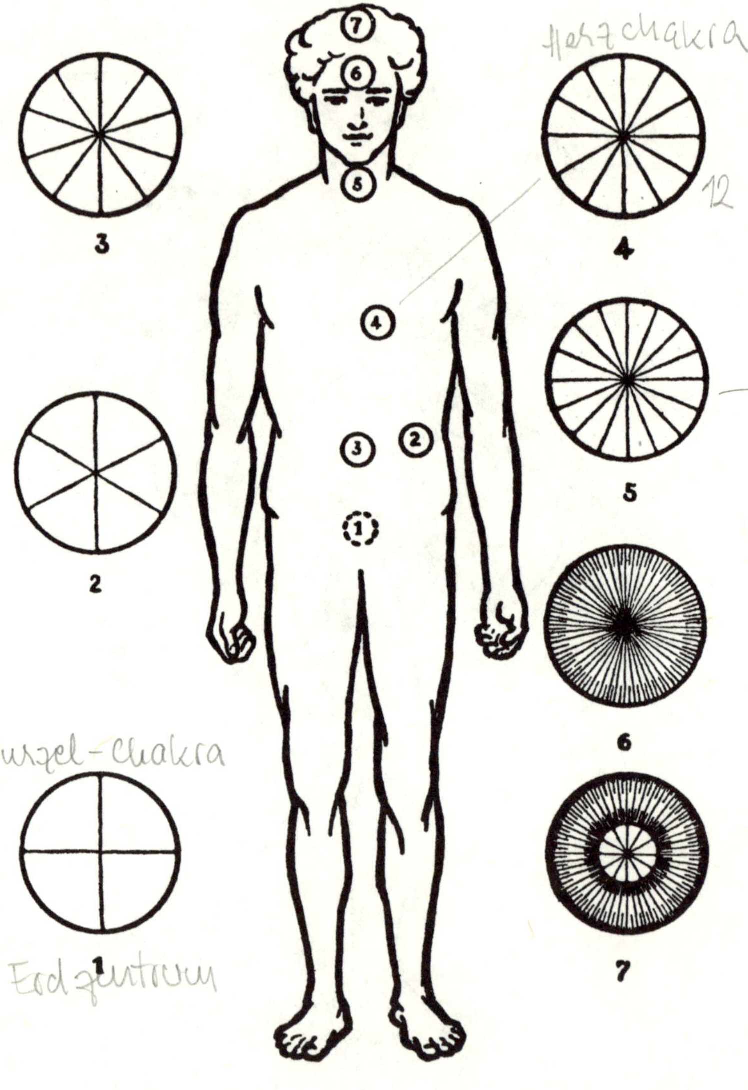

Abb. 5a: Die sieben Chakras nach Leadbeater

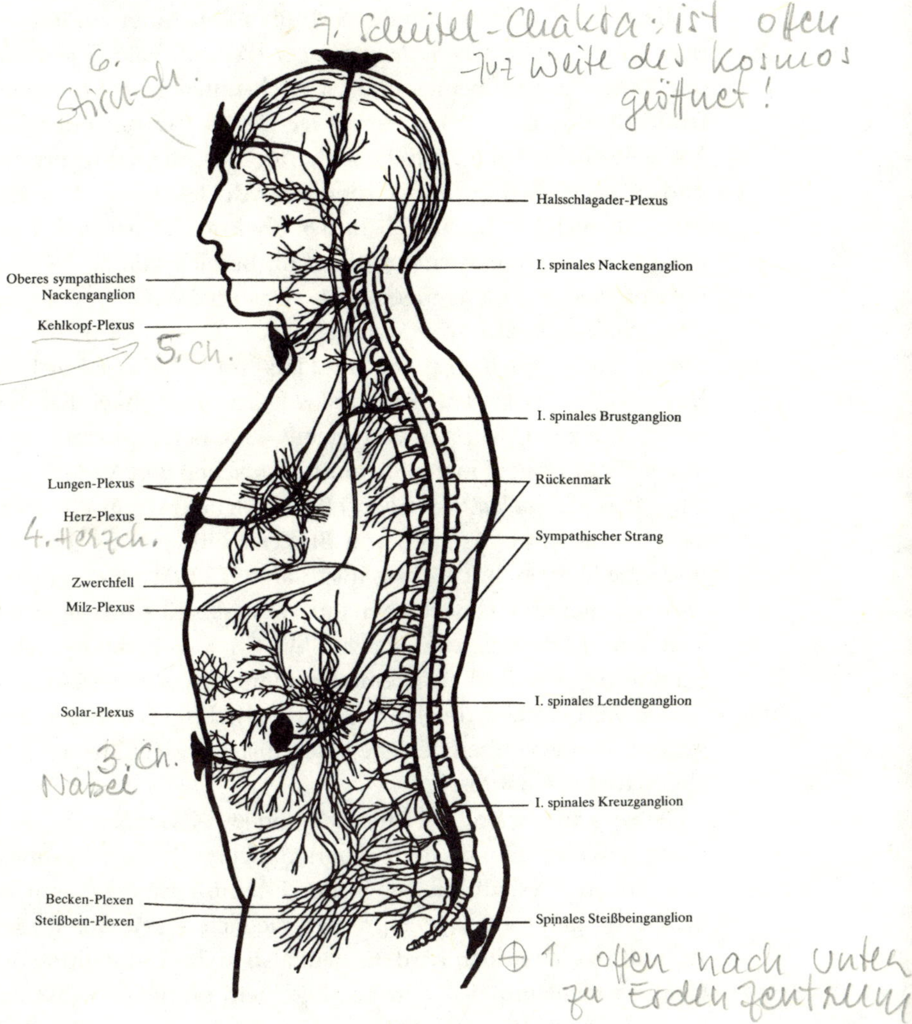

Abb. 5b: Die Chakras und das Nervensystem nach Leadbeater

Die sieben Chakras verteilen sich über den Ätherleib folgendermaßen: 1. Das *vierblättrige Chakra* (Wurzelchakra) liegt an der Basis des Steißbeines und ist nach unten zum Erdenzentrum hin offen. 2. Das *sechsblättrige Chakra* (Sakral- oder Geschlechtschakra) liegt im Bereich der Fortpflanzungsorgane und öffnet sich nach der Vorder- und Rückseite des Körpers (dies gilt auch für das 3., 4., 5. und 6. Chakra). 3. Das *zehnblättrige Chakra* (Solarplexuschakra) liegt im Bereich von Nabel und Solarplexus (Sonnengeflecht). 4. Das *zwölfblättrige Chakra* (Herzchakra) liegt in der Herzgegend. 5. Das *sechzehnblättrige Chakra* (Kehlkopfchakra) liegt im Hals- und Nackenbereich. 6. Das *zweiblättrige Chakra* (Stirnchakra) – in Wirklichkeit handelt es sich um zwei Gruppen von jeweils 48 feineren Blättern, also um 96 Blätter – liegt in der Stirnmitte zwischen den Augenbrauen. 7. Das *tausendblättrige Chakra* (Scheitelchakra) – in Wirklichkeit sind es zwei Gruppen von Blättern: eine größere mit 960 und eine kleinere mit 12, also insgesamt 972 Blätter – sitzt über dem Scheitel und ist nach oben zur Weite des Kosmos geöffnet.

In den Abbildungen 4 und 5 sind die Chakras in der neuesten Schilderung von Barbara Brennan und in der von Charles Leadbeater vom Anfang des Jahrhunderts wiedergegeben. Die folgenden Bemerkungen beziehen sich insbesondere auf die hier abgebildeten Chakras.

Die verschiedenen Hellseher nehmen jeweils andere Aspekte wahr, jeweils gemäß ihrer übersinnlichen Wahrnehmungsfähigkeiten. Deshalb gibt es in der Literatur unterschiedliche Schilderungen – oft widersprechen sie sich –, wie aus diesen Abbildungen deutlich wird. Es geht also in der Darstellung der Chakras nicht um eine einzige, allgemein gültige, «objektive» Beschreibung; denn hier tritt das Unschärfeprinzip in Erscheinung; trotzdem kommen die unterschiedlichen Schilderungen der Wirklichkeit ziemlich nahe.

Man merkt, daß die Darstellung von Leadbeater etwas ungenauer ist als die von Brennan. Daraus könnte man schließen, daß nach fast einem Jahrhundert die Forschung exakter, systematischer und wissenschaftlicher vorgehen kann.

Rudolf Steiner hat in *Wie erlangt man Erkenntnisse der höheren Welten?* keine bildlichen Darstellungen der Chakras gegeben, er hat aber darauf hingewiesen, daß man die illustrierten Bücher von Leadbeater in Zusammenhang mit seinen Darstellungen gut benutzen könne.

Die hier abgebildete Gestalt des Chakra-Organismus ist im Grunde genommen von allen, die sich mit den Chakras beschäftigten, übernommen und in derselben Gestalt auf die Ebene des Astralleibes übertragen worden. Es gibt aber noch eine andere Struktur dieses Organismus, und diese ist für die moderne und auch für die zukünftige Entwicklung der Chakras auf der Astralebene, für das rein geistige Leben entscheidend. Soweit dem Verfasser bekannt ist, findet sich eine Erwähnung dieser Struktur nur bei Rudolf Steiner; sie wird im nächsten Kapitel behandelt.

Die Kundalini

Die Chakras sind durch Kraftströme miteinander verbunden. Im Sanskrit werden diese «Nadis» genannt. Einige alte indische und tibetanische Texte sprechen von 72000, andere historische Schriften von 350000 Nadis (Sharamon und Baginski, S. 11). Alle Ströme sind in einer Zentralgestalt zusammengefaßt: Zwei Ströme fließen serpentinenartig in Gegenrichtung aufeinander zu, während durch einen zentralen aufrechten Strom das Ganze in unmittelbarer Verbindung mit dem universalen Lebensenergiefeld steht. Wenn das Energiefeld der Chakras durch die zwei «Schlangen» auf den höchsten Punkt kommt und der zentrale Strom kräftig *von unten nach oben* hindurchfließt, also vom Erdenzentrum durch das Wurzelchakra bis zum Scheitelchakra und darüber hinaus, dann spricht man vom Erwachen der *Kundalini* (im Sanskrit bedeutet «Kundalini» etwa: geringelt, aufgerollt wie eine Schlange); es ist die Schlange – Schlangenfeuer bei Leadbeater, Kundalinifeuer bei Rudolf Steiner –, die, wenn sie erwacht ist, aufrecht und aktiv steht. Die Abbildung 6 gibt eine Vorstellung davon und weist zugleich auf den Ursprung des bekannten Bildes vom Merkurstab. (Die Flügel deuten auf die Erhebung des normalen Bewußtseins zu höherer, geistiger Schau; damit leuchtet auch der tiefere Sinn der Medizin auf: Wahre Heilung entsteht erst dann, wenn das irdische Bewußtsein zum geistigen wird.) Dieser Zustand der Kundalini kann allmählich oder plötzlich eintreten, er bewirkt ein geistiges Erwachen, einen bewußten Eintritt in den übersinnlichen Bereich. Dieses Aufwachen führt einerseits zu einem ekstatischen Erlebnis der übersinnlichen Welt (Hellsehen) und andererseits zur Entwicklung der physiologischen Grundlage für das moderne Bewußtsein. Dies erfolgt durch die Öffnung oder Aktivierung des Scheitelchakra, durch welches einst das Gehirn entwickelt wurde, bis es die gegenwärtige Gestalt erlangte. (Dieses Thema weiter zu verfolgen, würde den Rahmen dieser Abhandlung sprengen; es sei nur erwähnt, daß es hier um die «holographische» Struktur des Universums und des Gehirns als eines Spiegelapparates des Universums geht, ein Begriff, der von einigen Wissenschaftlern aus verschiedenen Grenzgebieten, zum Beispiel Bohm, Pribam und Gabor, entwickelt wurde. Mit ihrer Forschungsrichtung nähern sich solche Wissenschaftler immer mehr den von Rudolf Steiner vermittelten Tatsachen.) So wurde das Scheitelchakra als das wesentliche Chakra betrachtet und zugleich als Zentrum des ganzen Chakra-Organismus; denn es bildet und steuert das Gehirn und den Kopf als Zentralorgan des Menschen, insofern er ein denkendes Wesen ist.

Die fortgeschrittenen Esoteriker von heute stehen vor der Schwierigkeit, das von ihnen in einem erweiterten Bewußtseinszustand Wahrgenommene durch das normale Denken in

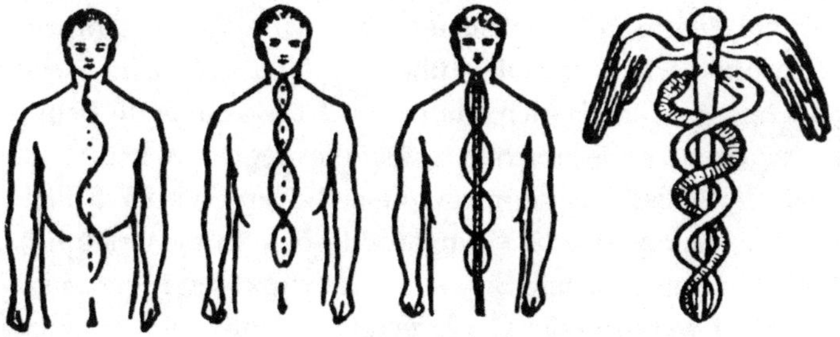

Abb. 6: Die drei Hauptströmungen der Chakras und der Merkurstab (nach Leadbeater)

das gewöhnliche Bewußtsein zu übertragen. Damit hängt Folgendes zusammen. Die erste Hälfte der Entwicklung der Chakras fand auf der Ebene des Ätherleibes statt und ist heute abgeschlossen. Die Fortentwicklung, die bereits eingesetzt hat, findet auf einer höheren Ebene statt. Um sie aber, nachdem sie wahrgenommen wurde, in angemessener Weise zu schildern, braucht es richtige Begriffe, die nur durch das dazugehörige Denken entwickelt werden können.

Die weitere Entwicklung der Chakras wird auf der Astralebene stattfinden und in umgekehrter Richtung – *von oben nach unten* – ablaufen; man kann von der *umgekehrten* Kundalini sprechen. (Die Erweckung der Kundalini von unten nach oben geschieht mehr im Ätherleib und führt daher zu einem ekstatischen Erleben, nicht zum klaren denkenden Bewußtsein, zur Erkenntnis.) Durch diese Umkehrung werden die neue Physiologie und das neue Bewußtsein des Menschenwesens entstehen. Das bedeutet, daß sich das «universale Lebensenergiefeld» von oben nach unten ausbreiten wird, also von der geistigen Welt zunächst durch das Scheitelchakra hindurch und dann weiter durch den ganzen Körper, und zwar als geistiger Astralstrom, als bewußte Tätigkeit des Astralleibes. Wenn also die geistige Feuerkraft den Scheitel als seine Eingangspforte benutzt und nicht mehr wie früher den Unterleib beim Steißbein und den Sexualorganen, dann wird die zeugende Schöpferkraft, die dem Erdenleben zugrunde liegt, durch die höhere Kraft der geistigen Schöpfung ersetzt. Dann wird Wirklichkeit werden das vertraute Pfingstbild, das Pfingsterlebnis: die Geistflammen auf dem Scheitel jedes einzelnen Menschen. Die Weiterentwicklung der Chakras hängt unmittelbar mit dem zu Pfingsten gegebenen Anstoß zusammen; heute ist sie an der Zeit. In diesem Sinne ist auch die Chakra-Lehre Rudolf Steiners aufzufassen. (Es gibt heute einige moderne Esoteriker, die den Unterschied zwischen den zwei Wegen verstanden haben. Der heutige Weg, die Kundalini zu erwecken, steht im Gegensatz zum alten Weg; er ist der «Christos» oder der «Christos-Weg». Allerdings scheinen die Notwendigkeit und die entscheidende Rolle eines neuen Denkens noch nicht erkannt. – Ein Vergleich beider Wege findet sich bei P. M. H. Atwater.)

* *
*

DIE CHAKRA-LEHRE RUDOLF STEINERS

Drei Hauptaspekte unterscheiden die Chakra-Lehre Rudolf Steiners von den traditionellen Chakra-Lehren. In diesem und dem folgenden Kapitel wird versucht, diese drei Aspekte herauszuarbeiten. Dadurch soll sich ergeben einerseits die besondere Stellung des Herzchakra unter den anderen Chakras und andererseits die gegenwärtige Bedeutung der Belebung des Herzchakra. Ihm gilt diese Betrachtung; von den anderen Chakras wird nur das berücksichtigt, was mit dem Herzchakra und den dazugehörigen Übungen zusammenhängt.

Rudolf Steiner schildert in dem Kapitel «Über einige Wirkungen der Einweihung» in *Wie erlangt man Erkenntnisse der höheren Welten?* einen Schulungsweg für unser Zeitalter, nachdem er zuvor die Vorbereitung dazu beschrieben hat. Auf diesem Weg sollen die Chakras als höhere, übersinnliche Wahrnehmungsorgane, als Sinnesorgane der Seele, des Astralleibes, ausgebildet werden. «Niemand kann etwas Übersinnliches schauen, bevor sich seine astralen Sinne ... ausgebildet haben.» (GA 10, S. 117.) Auf diesem Weg beginnt man bei den oberen Chakras, im Gegensatz zum traditionellen Weg, der von den unteren zu den oberen führt. Der erste unterscheidende Aspekt ist also, daß Rudolf Steiner in *Wie erlangt man Erkenntnisse der höheren Welten?* den schon erwähnten «Christos-Weg» geschildert und nicht den alten traditionellen Weg einfach weitergeführt hat.

Zweimal erwähnt Rudolf Steiner im Verlauf seiner Darstellungen in diesem Kapitel die Reihenfolge der Chakras. Das erste Mal weist er ganz am Anfang auf ihre Lage im Verhältnis zu den physischen Körperregionen hin, das zweite Mal schildert er im Hinblick auf ein neues Organ, einen neuen «Mittelpunkt» des Ätherleibes in der Gegend des physischen Herzens:

«Diejenigen Organe, die hier zunächst besprochen werden sollen, werden in der Nähe folgender physischer Körperteile geistig wahrgenommen: das erste zwischen den Augen, das zweite in der Nähe des Kehlkopfes, das dritte in der Gegend des Herzens, das vierte in der Nachbarschaft der sogenannten Magengrube, das fünfte und sechste haben ihren Sitz im Unterleibe. Diese Gebilde werden von den Geheimkundigen ‹Räder› (Chakrams) oder auch ‹Lotusblumen› genannt.» (GA 10, S. 117.)

«In einer besonders nahen Beziehung steht die zwölfblättrige Lotusblume zu dem geschilderten Mittelpunkte. In sie laufen unmittelbar die Strömungen ein. Und durch sie hindurch gehen auf der einen Seite Strömungen zu der sechzehnblättrigen und zweiblättrigen, auf der anderen (unteren) Seite zu den acht-, sechs- und vierblättrigen Lotusblumen.» (GA 10, S. 141.)

Man bemerkt, daß beide Male *sechs* Chakras genannt werden, aber nicht genau dieselben. Von der traditionellen Reihe der Chakras fehlt in beiden Stellen das tausendblättrige und in der zweiten Stelle das zehnblättrige Chakra, stattdessen ist ein anderes Chakra erwähnt: das *achtblättrige*. Ein achtblättriges Chakra ist zwar in der Literatur bekannt, nicht aber als Hauptchakra, sondern als «sekundäres Chakra» (Leadbeater). Insgesamt erwähnt also auch Rudolf Steiner sieben Chakras: das zweiblättrige, das sechzehnblättrige, das zwölfblättrige, das zehnblättrige, das achtblättrige, das sechsblättrige und das vierblättrige. Doch ergibt sich bei ihm eine *andere* Reihe beziehungsweise ein *anderer* Chakra-Organismus als in den traditionellen Darstellungen. Das ist der zweite Aspekt.

Der dritte Aspekt hängt mit dem erwähnten «Mittelpunkt» zusammen. Dieses Gebilde wird in der Zukunft entstehen, wenn sich im Ätherleib eine Gruppe neuer ätherischer Organe entwickelt haben wird, «denn darin besteht die höhere Entwikkelung auf einer gewissen Stufe, daß zu den vom Bewußtsein unabhängigen Strömungen und Bewegungen des Ätherleibes solche hinzutreten, welche der Mensch in bewußter Weise selbst bewirkt» (GA 10, S. 140). Gemeint sind mit diesen «Strömungen und Bewegungen» die neuen Chakras im Ätherleib und die von ihnen verursachten Schwingungen, die den im Astralleib entwickelten neuen Chakras entsprechen.

«Wenn die Geheimschulung so weit gekommen ist, daß die in den vorhergehenden Abschnitten gekennzeichneten Lotusblumen sich zu bewegen beginnen, dann hat der Schüler auch bereits manches von dem vollzogen, was zur Hervorrufung ganz bestimmter Strömungen und Bewegungen in seinem Körper führt. Der Zweck dieser Entwicklung ist, daß sich in der Gegend des physischen Herzens eine Art Mittelpunkt bildet, von dem Strömungen und Bewegungen in den mannigfaltigsten geistigen Farben und Formen ausgehen. Dieser Mittelpunkt ist in Wirklichkeit kein bloßer Punkt, sondern ein ganz kompliziertes Gebilde, ein wunderbares Organ ... Je entwickelter ein Mensch ist, desto größer wird der Umkreis, in dem sich diese Strömungen verbreiten.» (GA 10, S. 141.)

Das ist das Organ, das in der Zukunft sich zum neuen Zentrum des ganzen menschlichen Organismus entfalten und die zentrale Aufgabe übernehmen wird, die heute noch das Gehirn erfüllt. Die Verbindung aller Chakras zu diesem Mittelpunkt erfolgt nicht von jedem Chakra aus unmittelbar, sondern geht *über das Herzchakra:*

«In dieser Anordnung liegt der Grund, warum auf die Ausbildung der zwölfblättrigen Lotusblume bei der Geheimschulung eine ganz besondere Sorgfalt verwendet werden muß. Würde etwas verfehlt, so müßte die ganze Ausbildung des Apparates eine unordentliche sein.» (GA 10, S. 141.)

Nun leuchtet ein, warum das Herzchakra eine so zentrale Stellung unter den anderen Chakras einnimmt und infolgedessen auch die Übungen für die Entwicklung des Herzchakra von besonderer Bedeutung sind. Das Ausführen dieser Übungen wird in systematischer Weise dazu beitragen, daß sich die ätherischen Ströme mit dem neuen Zentrum verbinden können, denn dieses Zentrum ist im heutigen Menschen bereits im Embryonalzustand vorhanden.

Was diese drei Aspekte besonders für die Belebung des Herzchakra bedeuten, wird im nächsten Kapitel behandelt. Im folgenden Abschnitt wird versucht, einen Gesamtüberblick über die in *Wie erlangt man Erkenntnisse der höheren Welten?* dargestellten Übungen für die Betätigung der Chakras zu gewinnen.

*

Mit dem neuen Organismus von sieben Chakras gab Rudolf Steiner die Zielrichtung für den modernen, auch zukünftigen, Schulungsweg der Chakra-Entwicklung. Für diese Schulung hat er, wie zu erwarten ist, die entsprechenden Übungen genannt. Sie werden im Folgenden im Überblick skizziert.

Das zweiblättrige Chakra:
Eine direkte Übung ist weder genannt noch angedeutet. Aber durch das ganze Buch, nicht nur das betreffende Kapitel, zieht sich die Forderung nach einem klaren Denken; dazu nur ein Beispiel: «Die verzerrte Ausbildung einer Lotusblume hat nicht nur Illusionen und phantastische Vorstellungen im Falle des Auftretens einer gewissen Hellsehergabe zur Folge, sondern auch Verirrungen und Haltlosigkeit im gewöhnlichen Leben … Dies wird insbesondere der Fall sein, wenn bei der Schulung zu wenig auf logisches, vernünftiges Denken gesehen wird. Es ist

von allergrößter Wichtigkeit, daß der Geheimschüler ein verständiger, auf klares Denken haltender Mensch ist. Und von weiterer Wichtigkeit ist, daß er sich der größten Klarheit befleißigt im Sprechen.» (GA 10, S. 123f.) Die Ausübung solchen Denkens liegt also auch allen anderen Übungen zugrunde. Es ist die unabdingbare Voraussetzung des ganzen Weges.

Das sechzehnblättrige Chakra:
Dafür sind *acht* Übungen klar und systematisch geschildert; sie haben eine gewisse Ähnlichkeit mit der überlieferten Lehre Buddhas. «Doch handelt es sich hier nicht darum, ‹Buddhismus› zu lehren, sondern Entwicklungsbedingungen zu schildern, die aus der Geisteswissenschaft selbst sich ergeben. Daß sie mit gewissen Lehren des Buddha übereinstimmen, kann nicht hindern, sie an sich für wahr zu finden.» (GA 10, S. 125, Fußnote.)

Das zwölfblättrige Chakra:
Hier sind *sechs* Übungen klar und systematisch, wie beim sechzehnblättrigen Chakra, gegeben; darüber hinaus sind diese Übungen jeweils durch einen bestimmten Begriff bezeichnet, zum Beispiel «Gedankenkontrolle» oder «Toleranz», und die Gesamtheit der sechs Übungen wird als die «sogenannten *sechs Eigenschaften*» bezeichnet. Eine Besonderheit dieser Übungen besteht darin, daß sie zweimal dargestellt sind: das erste Mal als die Übungen für das Herzchakra (die sechs Eigenschaften) und das zweite Mal als die *dritte* der «vier Eigenschaften», die das achtblättrige Chakra bilden; dort werden sie als die «dritte Fähigkeit» bezeichnet und noch einmal genannt, aber nicht wie beim ersten Mal ausführlich geschildert (siehe unten). – Eine eigene Behandlung dieser Übungen enthält der zweite Teil der vorliegenden Schrift.

Das zehnblättrige Chakra:
Hier scheinen keine weiteren Übungen angegeben. Stattdessen werden *fünf* bestimmte Bedingungen oder Richtungen klar, aber nicht systematisch angedeutet. Ob es sich um eine bestimmte Anzahl von Übungen handelt, ist nicht mehr so eindeutig wie bisher zu erkennen.

Das sechsblättrige Chakra:
Hier ist noch schwieriger zu erkennen, ob überhaupt von irgendwelchen Übungen die Rede ist; denn es wird nur auf *drei* ziemlich allgemeine und fast prinzipielle Forderungen oder Richtungen für das Leben des Leibes, der Seele und des Geistes hingewiesen.

Diese *Übungen* wurden als Übungen für die Ausbildung der «Sinnesorgane der Seele» oder «Lotusblumen» dargestellt. Zu dem achtblättrigen und dem vierblättrigen Chakra werden Übungen weder gegeben noch angedeutet, auch wird im Text nichts über diese Chakras gesagt – so scheint es jedenfalls zunächst. In Wirklichkeit ist auch hier auf gewisse Übungsmöglichkeiten hingewiesen, aber diese Hinweise finden sich nicht in dem Teil des Kapitels, in dem von der Ausbildung der Chakras die Rede ist. Die Übungen für das achtblättrige und für das vierblättrige Chakra sind in verhüllter Weise ausgeführt in dem Teil des Kapitels, in dem nicht die astralen Chakras behandelt sind, sondern die höheren Organe im Ätherleib und insbesondere das erwähnte zentrale Organ in dessen Mittelpunkt. Der Übergang wird folgendermaßen formuliert: «Dennoch ist noch mehr notwendig als diese Bürgschaft, wenn durch Entwickelung der sechsblättrigen Lotusblume dem Menschen Wesen mit Leben und Selbständigkeit wahrnehmbar werden, welche einer Welt angehören, die von derjenigen seiner physischen Sinne so durchaus verschieden ist. Um Sicherheit in diesen Welten zu haben, genügt ihm nicht das Ausbilden der Lotusblumen, sondern er muß da noch höhere Organe zu seiner Verfügung haben. Es soll nun über die Entwickelung dieser noch höheren Organe gesprochen werden; dann kann auch von den anderen Lotusblumen und der anderweitigen Organisation des Seelenleibes die Rede sein.» (GA 10, S. 137f.) Die Belebung dieser letzten zwei Chakras findet also auf einer höheren Stufe der geistigen Schulung statt, und die Anweisungen dazu sind für den Fortgeschrittenen gegeben, obwohl sie auch dem Ungeübten eine bestimmte Vorstellung der Chakra-Entwicklung vermitteln.

Das achtblättrige Chakra:
Das Chakra selbst wird nur ein einziges Mal erwähnt, ohne daß weiteres darüber gesagt würde. Zunächst scheint es, als habe Rudolf Steiner keine dazugehörigen Übungen genannt. Dennoch hat er *vier* Übungen dazu gegeben, sie wurden aber nicht als solche geschildert, sondern als die «vier Eigenschaften, welche sich der Mensch auf dem sogenannten Prüfungspfade erwerben muß, um zu höherer Erkenntnis aufzusteigen», und die zugleich «müssen der Seele so einverleibt werden, daß sie innere Gewohnheiten begründen» (GA 10, S. 145f.). Die dritte Eigenschaft ist, wie eben angedeutet, tatsächlich die Übung für das Herzchakra.

Das vierblättrige Chakra:
Wie für das achtblättrige Chakra findet sich im Wortlaut des ganzen Kapitels nichts, was sich unmittelbar auf dieses Chakra beziehen könnte, nur daß es eben genannt wird. Die *zwei* Übungen erscheinen jedoch gegen Ende des langen Kapitels, wo über die im Menschen tief verankerten Illusionen oder Spiegelbilder der äußeren und inneren Realität – der irdischen und der geistigen Welten – gesprochen wird. Diese Illusionen, die aus der persönlichen Begrenztheit des Menschen stammen, müssen überwunden werden – das ist die eigentliche Übung.

Aus all dem ergibt sich also, daß in dem Kapitel «Über einige Wirkungen der Einweihung» von *Wie erlangt man Erkenntnisse der höheren Welten?* für das zehnblättrige und für das sechsblättrige Chakra Andeutungen gegeben sind und eindeutige Übungen nur für das sechzehn- und das zwölfblättrige Chakra. In den an dieses Buch unmittelbar sich anschließenden Schriften, *Die Stufen der höheren Erkenntnis* (GA 12) und *Die Geheimwissenschaft im Umriß* (GA 13), ebenso in vielen Vorträgen, hat Rudolf Steiner *nur die sechs Übungen für das Herzchakra* geschildert und immer wieder von anderen Seiten her beleuchtet. So wurden diese Übungen für das Herzchakra von Rudolf Steiner selbst aus allen anderen Übungen *hervorgehoben*. Durch diese ausdrückliche Betonung sowie durch die Fülle der gegebenen Anweisungen ist ihre Bedeutung als die Übungen, die in der Gegenwart vor allem ausgeführt werden sollen, aufgezeigt.

Abschließend eine Übersicht über die verschiedenartige Darstellung der Chakra-Übungen in *Wie erlangt man Erkenntnisse der höheren Welten?*

2-blättriges Chakra:	verschlüsselte Andeutungen
16-blättriges Chakra:	eindeutige Übungen, einmalig
12-blättriges Chakra:	eindeutige Übungen, wiederholt
10-blättriges Chakra:	Hinweise
8-blättriges Chakra:	verschlüsselte Andeutungen
6-blättriges Chakra:	Andeutungen
4-blättriges Chakra:	verschlüsselte Andeutungen.

* *
*

DAS HERZCHAKRA

Im vorigen Kapitel wurden die drei Charakteristika des von Rudolf Steiner dargestellten esoterischen Schulungsweges der Chakra-Entwicklung aufgezeigt: die Umkehrung der Reihenfolge der Belebung, die neue Struktur des Chakra-Organismus und das neue zentrale Organ im Ätherleib. Nun sollen diese Charakteristika von einer anderen Seite her angeschaut werden.

I.

Die Belebung jedes Chakra ist ein Vorgang, der selbstverständlich längere Zeit braucht, um vollendet zu werden, in der Regel mehr als eine Lebenszeit, so daß die Belebung aller Chakras in der Tat ein historischer, mehrere Leben übergreifender Prozeß ist. Für die gegenwärtige Stufe soll der entsprechende Schulungsweg, der auf die Belebung insbesondere des Herzchakras hinzielt, auf das schon geöffnete zweiblättrige Stirnchakra und das sechzehnblättrige Kehlkopfchakra aufbauen. Die Belebung dieser Chakras hat schon in früherer Zeit begonnen, doch findet man sie noch nicht bei allen Menschen im gleichen Reifezustand – die Vollendung aller einzelnen Chakras sowie des Gesamtorganismus liegt noch in einer fernen Zukunft –, deshalb soll man sie, wenn man den modernen Schulungsweg betritt, zunächst wieder ganz bewußt in Bewegung setzen.

Das **Stirnchakra** wurde in der klassischen Zeit des Griechentums erweckt. Auf der Grundlage dieses Chakra konnte Aristoteles für das Bewußtsein die reine Denktätigkeit hervorbringen und als Logik im Denken und als Grammatik in der Sprache begründen. So entstand die heute selbstverständliche Fähigkeit, bestimmte geistige Wesen, genauer gesagt: Gedankenwesen, in der Seele als abstrakte Gedanken wahrzunehmen, Gedanken zu haben. Alle modernen Menschen haben heute diese Fähigkeit des logischen Denkens; darauf ist die moderne Gesellschaft gegründet; sie ist Voraussetzung für das moderne Leben.

Dies scheint der Grund dafür zu sein, daß Rudolf Steiner für das zweiblättrige Chakra keine speziellen Übungen angab, sondern nur auf ein klares, ein «logisches, vernünftiges Denken» und auf die «größte Klarheit im Sprechen» als unentbehrliche Voraussetzung, als ersten Schritt des Schulungsweges verwies. Durch das ganze Buch *Wie erlangt man Erkenntnisse der höheren Welten?* hindurch betont er die Notwendigkeit, *dieses* Denken anzuwenden, damit die anderen Chakra-Organe erfolgreich betätigt werden können. Er selbst hat in seiner *Theosophie* – die *Wie erlangt man Erkenntnisse der höheren Welten?* unmittelbar voranging und als Einführung oder Grundlage dient – gezeigt, wie der *erste* Schritt auf dem Weg zur Erkenntnis der höheren Welten darin besteht, dieses Denken zu beherrschen. Im dritten Kapitel, «Wiederverkörperung des Geistes und Schicksal (Reinkarnation und Karma)» hat er allein aufgrund dieses normalen «vernünftigen Denkens», nicht aufgrund seiner übersinnlichen Wahrnehmungen, die Wirklichkeit der Wiederverkörperung und damit die der geistigen Welten nachgewiesen. Erst nachdem dieser Grund gelegt war, konnten dann darauf aufbauend im vierten Kapitel «Die drei Welten» die rein übersinnliche «Seelenwelt» und das «Geisterland» geschildert werden.

Das **Kehlkopfchakra** wurde während der christlichen Zeit, besonders während des Mittelalters und der frühen Renaissance, erweckt. Von einem bestimmten Gesichtspunkt aus gesehen, wurde gerade während dieser Periode die Mitleidlehre des

Buddha in das sich vertiefende Christentum hineingenommen, vor allem durch den Impuls des Franziskus von Assisi. (Damit ist nicht gemeint, daß das Christentum Buddhismus geworden sei. Man vergleiche dazu die im vorigen Kapitel zitierte Aussage Rudolf Steiners in bezug auf die Übungen für das sechzehnblättrige Chakra.) Diese Kraft des Christentums liegt eigentlich der modernen Gesellschaft zugrunde, wenn auch nicht in der Praxis, so doch prinzipiell, als unbemerkte Folge der aus dem sechzehnblättrigen Chakra hervorgehenden Wirkung. Man erinnere sich, daß die Übungen für dieses Chakra dem «Buddhapfad» ähnlich, und doch keine bloße Wiederholung dieses Pfades sind. Die Übungen für das sechzehnblättrige Chakra bei Rudolf Steiner sind gemeint als ein Wiederaufnehmen der vergangenen Arbeit an diesem Chakra – auch wenn möglicherweise für eine große Anzahl von Menschen dieses Chakra auf seiner ersten Stufe noch nicht erweckt ist.

Die Belebung des **Herzchakra** ist eine Aufgabe der Gegenwart und der näheren Zukunft; sie stellt die neue Etappe auf dem modernen Schulungsweg dar. Das Erwecken und die weitere Belebung dieses Chakra wurden erst vor kurzer Zeit möglich, genauer: gegen Ende des letzten Jahrhunderts mit dem Anfang des Michaelischen Zeitalters. Die Belebung – oder auch erst die Erweckung – des zwölfblättrigen Chakra erweist sich als die Hauptaufgabe unserer Zeit und steht im Mittelpunkt aller Anstrengungen auf dem esoterischen Schulungsweg. Denn gerade auf dieser Stufe der Chakra-Entwicklung sind bedeutende Veränderungen in der Struktur des Chakra-Organismus und entsprechend in der Physiologie des physischen Leibes zu erwarten. (Es soll hier nicht zwischen einer esoterischen und einer natürlich eintretenden Entwicklung unterschieden werden; denn die zunächst durch bewußte, willkürliche Schulung erreichten Fortschritte werden den auf natürliche Weise eintretenden den Weg bereiten.) Im Mittelpunkt dieser Veränderungen steht die Umwandlung des rein logischen Denkens in ein ganz und gar neues Denken, das von Rudolf Steiner auf vielerlei Weise charakterisiert wurde: als «organisch-lebendiges» Denken, als «überlogisches» Denken, als Denken «mit dem Herzen», als «Herzdenken» und so weiter. (Dieses Denken ist Thema des vierten Teils dieser Schrift.) Der Unterschied zwischen der hierarchischen Reihenfolge der Chakras auf dem wirklich neuen Entwicklungsweg und der auf dem traditionellen Weg kann vielleicht am besten durch den Vergleich der Darstellung hellseherischer Beobachtungen von Rudolf Steiner und Charles Leadbeater aufgezeigt werden; beide gehörten am Anfang des Jahrhunderts der Leitung der Theosophischen Gesellschaft an, und beide besaßen übersinnliche Wahrnehmungsfähigkeiten. Bei der Beschreibung der Wahrnehmungsarten, die durch die Belebung des sechzehn-, zwölf- und zehnblättrigen Chakra gewonnen werden, wird deutlich, daß Rudolf Steiner und Charles Leadbeater von zwei verschiedenen Richtungen sprechen, Leadbeater von der Reihenfolge 10-12-16, Rudolf Steiner von der umgekehrten Folge 16 -12-10.

«Das geistige Sinnesorgan, welches sich in der Nähe des Kehlkopfs befindet, macht es möglich, hellseherisch die *Gedankenart* eines anderen Seelenwesens zu durchschauen, es gestattet auch einen tieferen Einblick in die wahren Gesetze der Naturerscheinungen. – Das Organ in der Nachbarschaft des Herzens eröffnet eine hellseherische Erkenntnis der *Gesinnungsart* anderer Seelen. Wer es ausgebildet hat, kann auch bestimmte tiefere Kräfte bei Tieren und Pflanzen erkennen. Durch den Sinn in der Nähe der sogenannten Magengrube erlangt man Kenntnis von den *Fähigkeiten* und *Talenten* der Seelen.» (GA 10, S. 118.)

«Dann gelangte es zum dritten, dem Nabel entsprechenden Zentrum des Astralkörpers [zehnblättriges Chakra], belebte es und erweckte dadurch im Astralkörper die Fähigkeit, Gefühle zu empfinden – eine Empfindlichkeit für alle Arten von Einflüssen, aber noch ohne jenes klare Verständnis, wie es durch das Sehen und Hören erlangt wird. Die Erweckung des vierten Zentrums [zwölfblättriges Chakra] verlieh dem Menschen die Fähigkeit, die Schwingungen anderer astraler Wesenheiten soweit zu erfassen und mit ihnen zu empfinden, daß er ihre Gefühle wenigstens zum Teil instinktiv verstehen konnte. Die Erweckung des fünften, dem Kehlkopf entsprechenden Zentrums befähigte den Menschen, in der Astralwelt zu hören; d. h., sie bewirkte die Entfaltung desjenigen Wahrnehmungsvermögens, das in der Astralwelt jene Wirkung im Bewußtsein auslöst, die wir auf der physischen Ebene mit Hören bezeichnen.» (Leadbeater, S. 56.)

Diese zwei Stellen sind trotz der unterschiedlichen Gesichtspunkte einfach zu vergleichen. Eine noch ausführlichere Beschreibung des sechzehnblättrigen und des zwölfblättrigen Chakra macht die umgekehrte Richtung bei Rudolf Steiner noch deutlicher:

«Die Lotusblume mit zwölf Blättern vermittelt eine andere Wahrnehmung als die sechzehnblättrige. Diese letzte nimmt Gestalten wahr. Die Gedankenart, die eine Seele hat, die Gesetze, nach denen eine Naturerscheinung sich vollzieht, treten für die sechzehnblättrige Lotusblume in Gestalten auf. Das sind aber nicht starre, ruhige Gestalten, sondern bewegte, mit Leben erfüllte Formen ... Ganz andere Wahrnehmungen treten durch die zwölfblättrige Lotusblume zutage. Man kann die Art dieser Wahrnehmungen annähernd charakterisieren, wenn man sie als Seelenwärme und Seelenkälte bezeichnet. Ein mit diesem Sinn ausgestatteter Hellseher fühlt von den Figuren, die er durch die sechzehnblättrige Lotusblume wahrnimmt, solche Seelenwärme oder Seelenkälte ausströmen. Man stelle sich einmal vor, ein Hellseher hätte nur die sechzehnblättrige, nicht aber die zwölfblättrige Lotusblume entwickelt. Dann würde er bei einem wohlwollenden Gedanken nur die oben beschriebene Figur sehen. Ein anderer, der beide Sinne ausgebildet hat, bemerkt auch noch die Ausströmungen dieses Gedankens, die man eben nur mit Seelenwärme bezeichnen kann.» (GA 10, S. 126f.)

II.

Auf dem orientalischen Yoga-Weg werden die Chakras von unten nach oben erweckt und belebt. Wenn das tausendblättrige Chakra als das letzte geöffnet ist, rollt sich auch die Kundalini auf, wodurch sich die hellseherische Schauung in die übersinnliche Welt auftut. Einerseits führte dieser Vorgang durch lange esoterische Schulung zu höheren Wahrnehmungsfähigkeiten (Hellsehen); andererseits war die Folge dieser Schulung die Bildung des physischen Organs des Bewußtseins, des Gehirns. Denn das Scheitelchakra beherrscht das Gehirn und seine höhere Funktion, den Denkprozeß. Die Kräfte, die diesen Vorgang verursachten, wurden von unten durch das vierblättrige Wurzelchakra hindurch zu den anderen Chakras hingeleitet, deshalb gründete sich das entstehende Denkorgan auf die Erdkräfte. Das Gehirn ist in diesem Sinne von der irdischen Welt abhängig. Dies zeigt sich darin, daß das normale, logische Denken nur mit Vorstellungen, die aus den Sinneswahrnehmungen entstanden sind, arbeitet. *Alle* abstrakten Vorstellungen, geistige, moralische, ideelle und so weiter, sind tatsächlich nur aus diesen Vorstellungen der Sinnenwelt abstrahiert; sie haben also ihren Ursprung in den Sinneswahrnehmungen der Natur, der der Mensch selbst angehört. Damit wird verständlich, warum in der klassischen Yoga-Haltung, der sogenannten Lotus-Stellung, der esoterische Schüler auf dem Erdboden sitzen muß; er muß den Erdboden mit seinem Wurzelchakra berühren, um die Erdenkraft durch dieses Chakra in sich hineinströmen zu lassen (siehe Abb. 7).

Auf dem Weg, den man heute einschlagen muß, wenn man eine zeitgemäße Schulung durchlaufen will, wird man nicht mehr in demselben Sinne von den Sinneswahrnehmungen und den auf ihnen beruhenden Vorstellungen abhängig sein. Der Ausgangspunkt auf diesem Weg liegt eigentlich da, wo der alte Weg seinen Höhepunkt erreicht, beim Scheitelchakra. Die Vollendung des alten Weges zeigte sich in der Befreiung aus der Abhängigkeit von den Sinnen und in der Öffnung der höheren, geistigen Sinnesorgane bis hin zum tausendblättrigen Scheitelchakra. Das Ergebnis dieses Vorgangs war, daß durch die Wirkung des Scheitelchakra auf das Gehirn für die ganze Menschheit die Fähigkeit eines Denkens gewonnen wurde, das nur mit reinen Begriffen statt mit bildhaften Vorstellungen arbeitet, also die Fähigkeit des abstrakten Denkens. Wenn dieses Denken so weit gekommen ist, daß es nur reine Formen ohne Inhalte zu denken vermag, wie in der Mathematik, dann kann man von einem «reinen Denken» sprechen. Die geistige Welt ist eine Welt von reinen Formen oder Ideen im platonischen Sinn – das Wort «Idee» stammt aus dem altgriechischen «eidos», Form. Diejenigen, die die Kundalini erweckt hatten, nahmen diese Welt der reinen Formen durch höhere Sinnesorgane, durch das Scheitelchakra wahr; diejenigen aber, die diese Welt zwar nicht wahrnehmen, aber denken können, tun dies aufgrund der unbewußten Tätigkeit des Scheitelchakra. Das Scheitelchakra hat sozusagen den Erdboden ersetzt. Und die erste Etappe auf diesem Weg ist das zweiblättrige Stirnchakra im Gegensatz zu dem vierblättrigen Wurzelchakra auf dem alten Weg. Die Pfingstflamme erscheint auf dem Scheitel.

*

Die schwingenden Kraftwirbel des tausendblättrigen Chakra erscheinen der hellseherischen Schau in der Gestalt eines Kerns, umgeben von 960 Wirbeln, etwa wie eine Narbe in der Mitte der Blütenblätter. Diesen Kern hat Leadbeater in seinem Buch über die Chakras in derselben Gestalt und Farbe wie das Herzchakra wiedergegeben (siehe Abb. 8 und Frontispiz). Damit kann zur Erkenntnis werden, was viele Menschen heute ahnen: Im Scheitelchakra ist eine Art Duplikat des Herzchakra, ein zweites Herzchakra, enthalten; das Herzchakra ist im Scheitelchakra

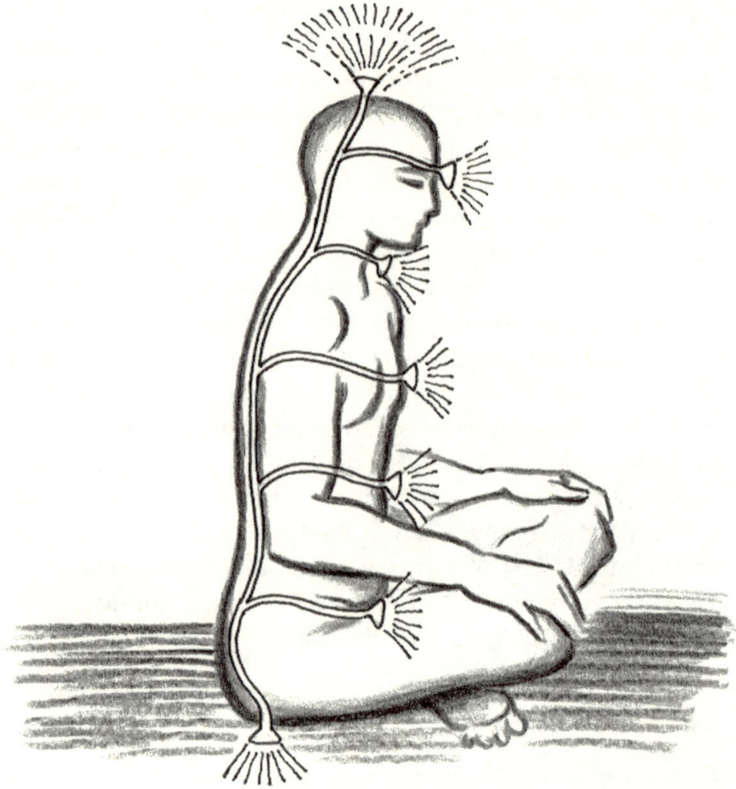

Abb. 7a: Die Lotus-Stellung im Yoga; Seitenansicht (nach Sharamon und Baginski)

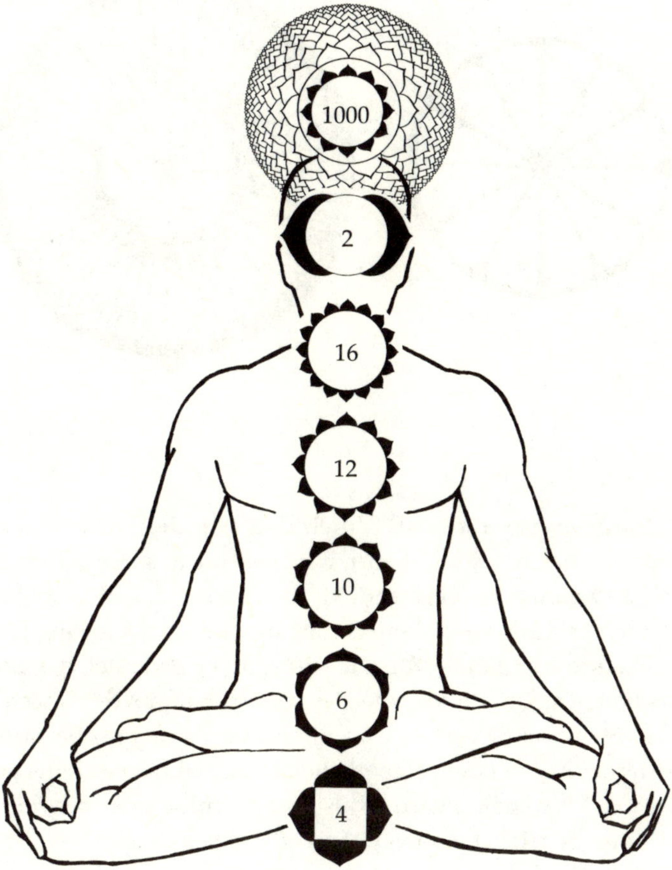

Abb. 7b: Die Lotus-Stellung im Yoga; von vorne (nach Sharamon und Baginski)

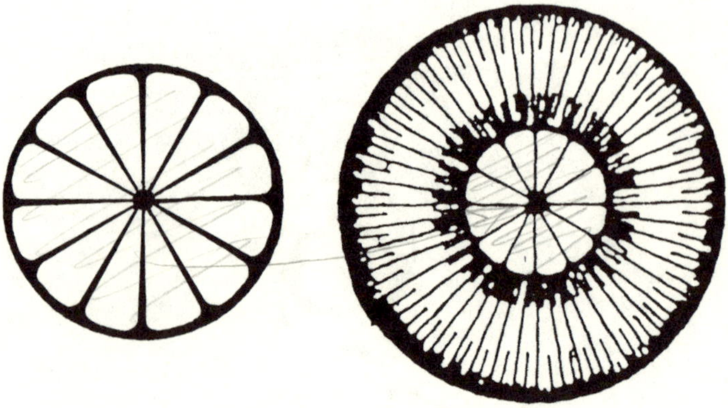

Abb. 8: Herz- und Scheitelchakra (nach Leadbeater)

als Denkorgan verborgen. Dadurch daß sich die Richtung der Belebung der Chakras umkehrt, wird sich auch die Struktur des Chakra-Organismus verwandeln; dann wird das Herzchakra unmittelbar zum bewußten Organ des neuen Denkens. Der umgekehrte Kundalini-Weg oder Pfingstweg bedeutet, daß das im Scheitelchakra verborgene Denk-Herzchakra sich zunächst in das Stirnchakra verlegt und dann von da aus in die Brust wandert, wo es mit dem eigentlichen Herzchakra verschmelzen wird. Das Herzchakra wird so als metamorphosiertes oder umgestülptes Scheitelchakra verstanden werden können.

Rudolf Steiner sprach im Zusammenhang mit den ersten Schritten der Initiation von einer «Art Ätherherz», das sich außerhalb des menschlichen Leibes etwa über dem Scheitel entwickelt, wo es hellseherisch geschaut werden kann (siehe Abb. 9). Es ist eine Art Denkorgan, mit dem der Mensch «herzlich bei dem (ist), was er geisteswissenschaftlich erkennt» (GA 161, S. 243f.).

*

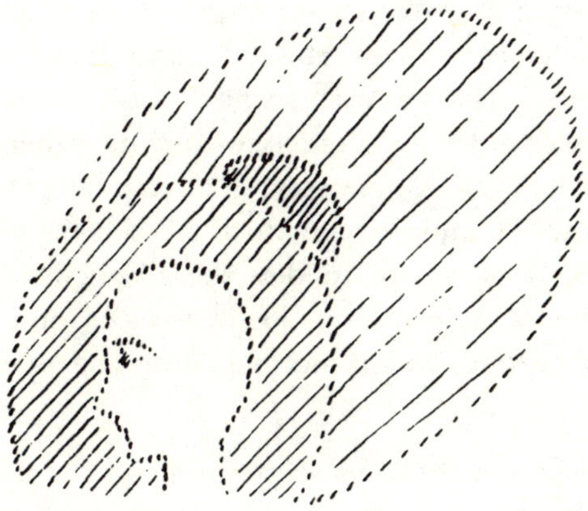

Abb. 9: Lage eines Ätherherzens (nach Rudolf Steiner)

Rudolf Steiner hat sehr oft auf dieses Denkorgan in der Brust hingewiesen. Manchmal hat er darüber in verschlüsselter Form, manchmal ziemlich eindeutig gesprochen. Daß er mit den übersinnlichen Chakras ganz konkrete Tatsachen meinte, ist von seinen Zuhörern, vielleicht wegen der Neuartigkeit, damals kaum begriffen worden. Seine Darstellungen scheinen als gefühlvoll oder poetisch verstanden worden zu sein, oder aber sie waren etwas, was man sich nicht vorstellen konnte, und wurden deshalb bloß als etwas Abstraktes aufgenommen. Man sollte indessen solche Schilderungen Rudolf Steiners ganz konkret nehmen; denn sie sind, was die Chakras anlangt, im Sinne einer geistigen Physiologie zu verstehen, aber auch im Sinne einer naturwissenschaftlichen Physiologie, denn das körperliche Herz wird sich dadurch, daß es zum Denkorgan wird und so neue Aufgaben bekommt, verwandeln.

Im Folgenden seien von den zahlreichen Stellen, wo vom Herzen als Denkorgan die Rede ist, nur einige ausgewählt; sie umspannen den Zeitraum zwischen der Veröffentlichung von

Wie erlangt man Erkenntnisse der höheren Welten? (als Aufsätze 1904/05, die erste Buchausgabe 1909) und dem letzten Artikel seiner Schriften (1924). Auch wenn Rudolf Steiner gar nicht von Chakras, sondern von erkenntnistheoretischen Fragen gesprochen hat, also aus einem fast diametral entgegengesetzten Gesichtspunkt heraus, liegen doch allen Darstellungen die übersinnlichen Vorgänge in den Wesensgliedern zugrunde. Daß die folgenden Textstellen aus ihrem Zusammenhang herausgenommen sind, ändert nichts an ihrer allgemeinen Gültigkeit.

«Wir berühren hier ein tiefes Mysterium: das Gesetz der Umbildung der Organe. Die ganze Entwickelung des Menschen geht durch eine Umbildung der Organe hindurch ... Das Gehirn der Brust wird das Herz sein, das ein Bewußtseinsorgan sein wird.» (GA 94, S. 70 f.)

«Der Kopf mit dem Gehirn ist nur ein Übergangsorgan der Erkenntnis. Das Organ, welches die eigentlich tiefen und zugleich machtvollen Blicke in die Welt tun wird, hat seine *Anlage* in dem gegenwärtigen *Herzen*. Aber wohlgemerkt: die *Anlage* zu diesem Organ ist im heutigen Herzen. Um Erkenntnisorgan zu werden, muß sich das Herz noch in der mannigfaltigsten Weise umbilden. Aber dieses Herz ist der Quell und Born zur Menschheitsstufe der Zukunft. Die Erkenntnis wird dann, wenn das Herz ihr Organ sein wird, warm und innig sein, wie heute nur die Gefühle der Liebe und des Mitleids sind.» (GA 266, I, S. 100.)

«Wahre Menschenliebe wurzelt im Geistigen ... Wo sie richtig verkündet und richtig aufgenommen wird, da wird sie stets solche Impulse geben, die eine wahre Logik des Herzens vorbereiten. Die Logik des Denkens ist vereinbar mit dem stärksten Egoismus. Die Logik des Herzens ist imstande, allmählich allen Egoismus zu überwinden und alle Menschen zu Teilnehmern einer Menschengemeinschaft zu machen.» (GA 119, S. 286.)

«Nehmen Sie also an, Sie könnten Gedanken im reinen Gedankenflusse haben. Dann beginnt für Sie der Moment, wo Sie das Denken bis zu einem Punkte geführt haben, an dem es gar nicht mehr Denken genannt zu werden braucht. Es ist im Handumdrehen – sagen wir im Denkumdrehen – etwas anderes geworden. Es ist nämlich dieses mit Recht ‹reines Denken› genannte Denken reiner Wille geworden; es ist durch und durch Wollen. Sind Sie im Seelischen so weit gekommen, daß Sie das Denken befreit haben von der äußeren Anschauung, dann ist es damit zugleich reiner Wille geworden. Sie schweben, wenn ich so sagen darf, mit Ihrem Seelischen im reinen Gedankenverlauf ... Damit aber beginnt das reine Denken, ja sogar die Anstrengung nach seiner Ausübung, nicht nur eine Denkübung zu sein, sondern eine Willensübung, und zwar eine solche, die bis in das Zentrum des Menschen eingreift. Denn Sie werden die merkwürdige Beobachtung machen: Erst jetzt können Sie davon sprechen, daß das Denken, wie man es im gewöhnlichen Leben hat, eine Kopftätigkeit ist ... denn das wissen Sie nur äußerlich aus der Physiologie, Anatomie und so weiter. Aber jetzt spüren Sie innerlich, daß Sie nicht mehr so hoch oben denken, sondern daß Sie beginnen, mit der Brust zu denken. Sie verweben tatsächlich Ihr Denken mit dem Atmungsprozesse. Sie regen damit an, was die Yogaübungen künstlich angestrebt haben.» (GA 217, S. 148 f.)

«Das Michaelzeitalter ist angebrochen. Die Herzen beginnen, Gedanken zu haben.» (GA 26, S. 62.)

III.

Das neue Ätherorgan in der Nähe des Herzens wird sich besonders als Folge der Belebung des zwölfblättrigen und des achtblättrigen Chakra ausbilden. Tatsächlich wird das Herzchakra den Anstoß dazu geben, und durch die Vollendung des achtblättrigen Chakra wird es zur Reife gebracht. Dies weist auf eine besondere Verwandtschaft sowie auf ein Zusammenwirken dieser zwei Chakras hin.

Auf diese Verwandtschaft wurde schon hingedeutet. Man erinnere sich, daß das achtblättrige Chakra in der esoterischen Tradition die Stellung eines sekundären oder eines Nebenchakra innehatte. Durch seine bewußte Belebung wird es aber in Zukunft Stellung und Aufgabe eines Hauptchakra übernehmen. So scheint das achtblättrige Chakra etwas von dem eigentlichen Wesen des Herzchakra zu erhalten, auch wenn es als Hauptchakra neben dem Herzchakra im Astralleib auftaucht. Andererseits wird die Belebung dieses achtblättrigen Chakra unmittelbar durch die eigentliche Belebung des Herzchakra selbst erfolgen: Von den «vier Eigenschaften», durch welche dieses Chakra belebt wird, ist die dritte «Eigenschaft» tatsächlich die Gesamtheit der Sechs Übungen für die Belebung des Herzchakra. Durch diese Verwandtschaft bekommt der ganze Chakra-Organismus einen überwiegenden Herzcharakter, eine Herzqualität, und von dieser Qualität wird auch das Ätherorgan geprägt.

Rudolf Steiner sprach in einer «esoterischen Stunde» von «zehn Kraftzentren» des Menschen. In dem in der Brustgegend gelegenen konzentriert sich die Kraft des allgemeinen Lebensprinzips, die geistige Kraft des Lebens, in der esoterischen Tradition durch den Sanskrit-Ausdruck «Prana» bezeichnet. Dazu gab Rudolf Steiner als Erläuterung, daß «Prana entspricht der achtblättrigen Lotusblume» (GA 266,I, S. 112). Das achtblättrige Chakra wird zur Vollendung des zentralen Ätherorgans dieses Prana beitragen, während das Herzchakra die Verbindung zwischen diesem Ätherorgan und dem Chakra-Organismus ermöglicht. Auf diese Weise wird ein neues Zentrum des Menschen entstehen, wodurch die Abhängigkeit des Denkvermögens und des Bewußtseins vom Gehirn und von der Einseitigkeit der Sinneswahrnehmungen aufgehoben wird. In der folgenden Darstellung, in der Rudolf Steiner auf solche Veränderungen hinweist, wird der Ausdruck «Eigenschaft» für die vier Eigenschaften verwendet, durch die das achtblättrige Chakra belebt wird, und der Ausdruck «Tugend» für die Sechs Übungen, die das zwölfblättrige Chakra beleben. (An der Stelle, wo er die Sechs Übungen dargestellt hat, war von sechs «Eigenschaften» in der Seele die Rede.)

«Von den sechs Tugenden, aus denen sich die dritte Eigenschaft zusammensetzt, ist bereits gesprochen. Sie hängen zusammen mit der Ausbildung der zwölfblättrigen Lotusblume in der Herzgegend. Dahin muß ja, wie gezeigt worden ist, in der Tat der Lebensstrom des Ätherleibes geleitet werden. Die vierte Eigenschaft: das Verlangen nach Befreiung, dient dann dazu, das Ätherorgan in der Nähe des Herzens zur Reifung zu bringen. Wird diese Eigenschaft zur Seelengewohnheit, dann befreit sich der Mensch von allem, was nur mit den Fähigkeiten seiner persönlichen Natur zusammenhängt. Er hört auf, die Dinge von seinem Sonderstandpunkte aus zu betrachten. Die Grenzen seines engen Selbst, die ihn an diesen Standpunkt fesseln, verschwinden. Die Geheimnisse der geistigen Welt erhalten Zugang zu seinem Innern. Dies ist die Befreiung.» (GA 10, S. 147.)

An dieser Stelle möchte ich die Aufmerksamkeit auf ein bestimmtes Phänomen der Gegenwart richten, denn es scheint mir in einem tieferen Zusammenhang mit dem bisher Gesagten zu stehen. Eine immer größere Anzahl von Menschen, die als klinisch tot galten, berichten, nachdem sie ins Leben zurückgebracht worden sind, von ihren Erfahrungen jenseits der Todesschwelle. Gemeint sind die sogenannten Nah-Todeserfahrungen. Der bekannte Meinungsforscher George Gallup Jr. behauptet in seinem Bericht über eine Umfrage vom Jahre 1992, daß in den Vereinigten Staaten mehr als 13 Millionen Menschen eine oder mehrere Nah-Todeserfahrungen gehabt haben. Frühere wissenschaftliche Untersuchungen haben gezeigt, daß über die ganze Welt hin von solchen Erfahrungen berichtet wird, so daß man vermuten kann, daß tatsächlich eine riesige Anzahl von

Menschen solche Erlebnisse gehabt hat. Der folgende Auszug aus einem Interview, das ich selbst mit einer solchen Persönlichkeit führte, und zwar mit der Französin Yolande Eck, legt nahe, daß die von ihr erwähnte «goldene Kugel» eigentlich das neue Ätherorgan ist. Yolande Eck nahm diese Kugel wahr, nachdem sie das «Rad der Inkarnationen» und den «Wechsel von Leben und Tod», das heißt ihre vergangenen sowie zukünftigen Inkarnationen durchlebt hatte.

«Ich stieg weiter hinab, also mit dem Rücken nach unten, und habe mich von dem Rad gelöst. Das Rad blieb, wo es war, und als ich mich weiter von ihm entfernte, sah ich auf meinem Energiekörper, auf meinem Bauch, eine Kugel aus Gold. Die Strahlen dieser Kugel waren stark und kräftig, und ich bezeichne sie heute als eine Art Keimkraft des menschlichen Wesens, sozusagen eine neue Kraft, ein neues Energiezentrum des menschlichen Wesens.

Jeder Mensch hat diese Kraft in sich, und ich dachte in diesem Moment, daß ich jetzt auf der Erde wirklich alles machen kann, was ich machen will. Die Wesen des Lichtes haben mir das bestätigt, aber sie sagten auch, daß ich mit dieser Kraft sowohl das Gute als auch das Böse tun könne. Ich sei frei, damit umzugehen. Dann löste sich die goldene Kugel von mir los.» (Flensburger Hefte, 51.)

Im weiteren Verlauf des Interviews erzählte mir Yolande Eck – dies wurde aber nicht in die Veröffentlichung aufgenommen –, wie Jesus Christus in der Gestalt eines Lichtwesens mit ihr sprach; dies geschah während ihrer zweiten Nah-Todeserfahrung. Seine Worte flossen oder strahlten *aus seinem Herzen heraus* wie ein wellenartig fließender Streifen oder ein Band, auf dem sie die Worte buchstabengetreu *sehen* konnte. Das ist wirkliche Herzsprache – im anthroposophischen Sinne: *Imagination*.

* *
*

DIE ÜBUNGEN FÜR DAS HERZCHAKRA: NEBENÜBUNGEN UND GRUNDÜBUNGEN

Es wurde bisher auf die Wichtigkeit des Herzchakra hingewiesen: Als das zentrale Chakra unter den anderen Chakras ermöglicht es erstens das neue Denken; durch seine zentrale Funktion in bezug auf das neue Ätherorgan im Mittelpunkt soll es zweitens mit diesem zusammen das zukünftige Zentrum des Menschen bilden; und drittens muß seine Belebung im Mittelpunkt der Bemühungen des Schülers stehen, der sich auf den Weg einer zeitgemäßen esoterischen Schulung begibt. Die von Rudolf Steiner gegebenen Übungen zur Belebung dieses Chakra sind also entscheidend für diese Schulung. Jedoch werden diese Übungen bis heute im allgemeinen nur als sekundäre Übungen betrachtet. Der Grund dafür scheint zu sein, daß Rudolf Steiner sie manchmal als «Neben»-Übungen bezeichnet hat, was zu einer Interpretation Anlaß gab, die nicht der Bedeutung der Sache entspricht. Es ist heute dringend an der Zeit, diese Übungen in den Mittelpunkt jeglichen Strebens nach der Entwicklung höherer Erkenntnisorgane zu stellen. Denn diese Übungen waren von Rudolf Steiner höchst wahrscheinlich *nicht* als sekundär zu anderen «primären» Übungen oder Meditationen gemeint, genau das Gegenteil war beabsichtigt. Im Folgenden wird versucht, diese Deutung zu rechtfertigen.[3]

3 Es gibt sehr wenige Literatur über die Nebenübungen. In jüngster Zeit erschienen jedoch zwei Veröffentlichungen, in denen das Thema berührt wird: Karl König, *Der innere Pfad;* sowie das Winterheft 1994 der Flensburger Hefte: *Übungen zur Selbsterziehung*.

Unter allen von Rudolf Steiner vermittelten Übungen, Meditationen oder Mantren – mantrischen Sprüchen oder mantrischen Bildern – sind es allein diese Sechs Übungen, die er in seinen Schriften, in seinen öffentlichen und in den für die Mitglieder der Theosophischen Gesellschaft gehaltenen Vorträgen sowie innerhalb seiner «Esoterischen Schule» wiederholt darstellte.[4]

So sind sie unter allen anderen besonders hervorgehoben. In seiner *Theosophie* hat Rudolf Steiner diese Übungen nur skizzenhaft angedeutet; in *Wie erlangt man Erkenntnisse der höheren Welten?*, *Die Stufen der höheren Erkenntnis* und *Die Geheimwissenschaft im Umriß* hat er sie jeweils von einer anderen Seite her geschildert; eine besondere Fassung, nur als Vervielfältigung für den intimeren Kreis seiner Esoterischen Schule gedacht, wurde wahrscheinlich 1906 niedergeschrieben (siehe GA 245; neu in GA 267). – Besonders bemerkenswert erscheint die Überschrift dieser letzten Fassung: «*Allgemeine Anforderungen, die ein jeder an sich selbst stellen muß, der eine okkulte Entwickelung durchmachen will*». Worauf weist diese Formulierung hin? Zeigt die Bezeichnung als «allgemeine» nicht, daß diese Übungen für *alle* Schüler und vor *allen* anderen Übungen, Meditationen und so weiter als *Grundübungen* gegeben waren? Aber nicht nur in seinen frühen Vorträgen hat Rudolf Steiner auf diese Übungen häufiger und ausführlicher als auf alle anderen hingewiesen. Auf das Wesen dieser Übungen und auf das Prinzip ihrer Ausführung gibt es auch in späteren Vorträgen zahlreiche Hinweise, nur daß sie dann von einem ganz verschiedenen Gesichtspunkt aus gegeben waren, so daß man sie nicht auf den ersten Blick als solche erkennt. Alles, was später von Rudolf Steiner gesagt wurde, bezieht sich notwendigerweise auch auf die Tätigkeit der Chakras im Äther- und Astralleib.

4 Als Beispiele seien hier nur die folgenden Bände der Gesamtausgabe genannt: GA 53 und 54 (öffentliche Vorträge), GA 94, 95 und 97 (Mitgliedervorträge), GA 245 (neu in GA 267) und 266 (Inhalte der Esoterischen Schule).

Damit bekommt die Bezeichnung «Nebenübungen» ihren rechten Sinn. Sie besagt: Wenn man irgendeine sogenannte Hauptübung, zum Beispiel Meditationen oder mantrische Sprüche – wie die Meditationen in den *Anweisungen für eine esoterische Schulung* bezeichnet werden – eigenständig übt, dann *müssen* die Nebenübungen immer nebenher geübt werden. Damit sollen aber diese Nebenübungen tatsächlich als Grundübungen betrachtet werden, denn sie müssen zusammen mit jeder anderen Hauptübung gemacht werden. So stehen diese Übungen gleichwertig und gleichrangig neben allen anderen.

Daß diese Übungen *neben* allen anderen durchgeführt werden sollen, hat noch einen anderen Grund. Eine ihrer Wirkungen auf den Schüler besteht nämlich darin, daß sie diesen vor den zu erwartenden schädlichen Einflüssen schützen, die während der Meditation oder der Beschäftigung mit anderen mantrischen Formeln in der Regel auftreten. Darauf hat Rudolf Steiner zum Beispiel mit folgenden Worten hingewiesen:

«Noch einmal muß zweierlei eingeschärft werden: Erstens, daß die besprochenen sechs Übungen den schädlichen Einfluß, den andere okkulte Übungen haben können, paralysieren, so daß nur das Günstige vorhanden bleibt. Und zweitens, daß sie den positiven Erfolg der Meditations- und Konzentrationsarbeit eigentlich allein sichern. Selbst die bloße noch so gewissenhafte Erfüllung landläufiger Moral genügt für den Esoteriker noch nicht, denn diese Moral kann sehr egoistisch sein, wenn sich der Mensch sagt: Ich will gut sein, damit ich für gut befunden werde.» (GA 245, S. 21; neu: GA 267, S. 61.)

«In dem Augenblicke nun, in dem die Seele ihre Tätigkeit zum Teil dem Leibe entzieht, können sich seiner verderbliche Kräfte aus den Elementarreichen bemächtigen. Darin besteht eine Gefahr der höheren Entwicklung. Es muß daher dafür gesorgt werden, daß, sobald sich die Seele vom Körper zurückzieht, er durch sich selbst nur guten Einflüssen von seiten der elementaren Welt zugänglich ist. Wird darauf nicht geachtet, so verkommt der gewöhnliche Mensch in einer gewissen Beziehung physisch und auch moralisch, trotzdem er den Zugang zu höheren Welten gewinnt. Während die Seele in höheren Gebieten lebt, nisten sich im dichten physischen Leib und im Ätherleib schädliche Kräfte ein. Dies ist der Grund, warum gewisse schlechte Eigenschaften, die vor der höheren Entwicklung durch die ausgleichende Wirkung der Seele niedergehalten worden sind, bei Mangel an Vorsicht zum Ausdruck kommen können ... Niemand darf von dieser Tatsache sich zurückschrecken lassen, in die höheren Welten aufzusteigen; aber vorgesorgt muß werden, daß solche Dinge nicht eintreten. Die niedere Natur des Menschen muß gefestet und unzugänglich gemacht werden gefährlichen elementarischen Einflüssen. Das eben geschieht durch die bewußte Ausbildung gewisser Tugenden. Diese Tugenden werden in den theosophischen Handbüchern, welche von geistiger Entwicklung handeln, angegeben. Hier aber hat man den Grund, warum auf sie Sorgfalt gelegt werden muß.» (GA 12, S. 28f.)

Auf diese Ausführungen folgt die Schilderung der «vier Eigenschaften», die, wie oben schon gezeigt, das achtblättrige Chakra beleben sollen. Die dritte Eigenschaft entsteht aber aus der erfolgreichen Ausführung der sechs Herzchakra-Übungen. Das bedeutet, daß die Sechs Übungen ein Teil der Bildung der vier Eigenschaften sind; also sind die Übungen für das zwölfblättrige Chakra innerhalb der Übungen für das achtblättrige enthalten. Dies weist auf eine Besonderheit der Bildung des achtblättrigen Chakra hin. Die erste Eigenschaft, «die Unterscheidung des Wahren von der Erscheinung», entspricht dem klaren Denken, durch welches das zweiblättrige Stirnchakra belebt werden soll; die zweite Eigenschaft, «die richtige *Schätzung* des Wahren gegenüber der unwesentlichen Erscheinung», entspricht den Übungen für die Belebung des sechzehnblättrigen Kehlkopfchakra (dies wird eindeutiger in der Form der acht Übungen für die Tage der Woche, den acht *richtigen* «Vorgängen», dargestellt; vgl. GA 245, neu in GA 267); die dritte entspricht, wie eben gezeigt, den Übungen für die Belebung des zwölfblättrigen Chakra; und nur die vierte Eigenschaft, «das Verlangen nach Befreiung», erweist sich als die eigentliche *Übung* für das achtblättrige Chakra.

Da mag nun die Frage auftauchen: Wenn die Sache so steht, warum waren damals und werden noch heute diese Übungen von den meisten Strebenden nur als sekundäre, als Nebenübungen betrachtet und durchgeführt? Im Folgenden soll ein bißchen in die Hintergründe dieser rätselhaften Situation hineingeleuchtet werden – ohne daß eine erschöpfende Antwort angestrebt oder irgendein Urteil gefällt werden soll. Es wird nur auf einige Aspekte des Problems hingewiesen, die sich dem Verfasser in seinem Bemühen um Wahrheit ergeben haben.

Zunächst kann man vielleicht ganz direkt und ehrlich zugeben, daß das Wesen von *Wie erlangt man Erkenntnisse der höheren Welten?* und damit auch alle darauf sich beziehenden Absichten Rudolf Steiners einfach nicht verstanden wurden – wie es ähnlich ja auch für seine *Philosophie der Freiheit* geschah. (Eine Darstellung und mögliche Lösung dieses Problems wird in einer anderen Abhandlung des Verfassers versucht, zu der der vierte Teil der vorliegenden Schrift als eine Art Einführung dienen kann.) Dieser Interpretation kommt eine Äußerung Rudolf Steiners entgegen, die durch Alexander Strakosch überliefert ist:

«Es war dies im Jahr 1923, als die Vorgänge in der anthroposophischen Gesellschaft ihm Sorgen bereiteten. Er frug mich: ‹Wissen Sie, woher die Schwierigkeiten in der Gesellschaft kommen?› Da ich begreiflicherweise keine Antwort geben konnte, fuhr er fort: ‹Sie kommen daher, daß nicht eine genügend große Zahl von Menschen die Stufen der höheren

Erkenntnis erreicht hat, die in dem Buche: *Wie erlangt man Erkenntnisse der höheren Welten?* beschrieben sind. Als die geistige Welt mir den Auftrag erteilt hatte, dieses Werk zu schreiben, da hatte sie erwartet, daß viele Menschen so weit voranschreiten würden. So hatte ich Weisung, einen zweiten Band zu schreiben.› Nach einer Zeit ernstesten Schweigens fuhr er leise fort: ‹Es ist das Erwartete nicht eingetreten. Die geistige Welt wirft von Zeit zu Zeit die Angel aus. Es ist diesmal nichts daran geblieben. – Weil jedoch von einer Fortsetzung die Rede gewesen war, so mußte ich wenigstens die kleine Schrift herausbringen: *Die Stufen der höheren Erkenntnis*›.» (Strakosch.)

Nach allem, was bisher gesagt wurde, kann man vielleicht auch daran denken, daß die Sechs Übungen für das Herzchakra nicht nur Nebenübungen oder Hauptübungen, sondern daß sie wahre Meditationen sind, aber von so ungewohnter Art, daß sie gar nicht als solche wahrgenommen wurden. Wenn sie ihrem eigentlichen wahren Wesen entsprechend durchgeführt werden, entfalten sie die außerordentliche Wirkung, den Übenden sozusagen ganz sicher mit den Füßen auf den Boden zu stellen und gleichzeitig sein Schauen von der Gebundenheit an das Gehirndenken allmählich zu befreien. Durch die besondere Art, wie sich diese Sechs Übungen zueinander verhalten, entsteht eine sehr vielschichtige Meditation, eigentlich eine neue Art von Meditation, die, wie im zweiten und dritten Teil der vorliegenden Abhandlung gezeigt wird, den ganzen Menschen, alle seine Wesensglieder ergreift und betätigt: eine *dynamische* Meditation. Begreiflicherweise ist eine solche Meditation viel schwerer auszuführen als eine «normale».

Rudolf Steiner scheint die Art und Weise, wie die meisten esoterischen Schüler die Meditationen machten, nicht besonders geschätzt zu haben; obwohl er sich dazu nie direkt geäußert hat, ließ er seine Meinung doch gelegentlich durchblicken, so einmal, als er im Zusammenhang mit einer bestimmten

Meditation seine Zuhörer ermahnte: «... aber sich dieses nicht bloß theoretisch vorschwätzen, die Meditationen der meisten Menschen bestehen darin, daß sie sich etwas theoretisch vorschwätzen» (GA 317, S. 154). Wenn man also mit den einfacheren «statischen» Meditationen nicht viel Erfolg hat, wird es entsprechend noch schwieriger, mit dynamischen Meditationen richtig umzugehen.

Gerade deshalb sollte man den außerordentlichen Wert und die große Bedeutung, die diese Herzchakra-Übungen für die moderne esoterische Schulung haben, ernst nehmen; denn ihre Wirkung reicht sehr, sehr weit in die Zukunft. Durch die Ausführung dieser Übungen wird schon jetzt die *Bildung der Menschengestalt für die nächste Inkarnation der Erde* vorbereitet. Vielleicht liegt eine Ahnung davon tief in der Seele eines jeden Menschen, und die Furcht sich zu ändern, die ebenfalls in der Seele wirkt, wird zum Hindernis. Vielleicht entsteht daraus auch eine unbemerkte Antipathie gegenüber solchen Übungen, die noch verstärkt wird durch die Sympathie für die vertrauteren Meditationen. Vielleicht hat Rudolf Steiner gerade im Hinblick auf solche tief in der Seele verborgenen Gefühle und um die Seele für die genannte bedeutungsvolle Aufgabe zu ermutigen, seinen Zuhörern die folgende Perspektive vor Augen gestellt:

«Es wird einmal eine Zeit kommen, wo unsere Hände festgewachsen sein werden, wo noch manches andere fest sein wird, an unserem mittleren Körper, in der Nähe des Herzens, das jetzt frei an uns erscheint; das wird dann umschlossen sein von einer Hülle, so wie jetzt das Gehirn umschlossen ist von einer Hirnschale. Das wird in der Jupiterzeit sein. Das, wovon unsere Hände der sichtbare Ausdruck sind, ist etwas, was in Vorbereitung ist, einmal ein Denkorgan zu werden. Und wir haben davon vorläufig nur rudimentäre Organe, die gegenwärtig nicht ganz ausgewachsen sind, die klein bleiben. Wie wenn wir hier vorne an der Stirne nur Stücke hätten von der Hirnschale, so haben wir hinten unsere Schulterblätter liegen in der Fläche, die später einmal unser Zukunftsgehirn umschließen wird. Und Sie deuten die Schulterblätter im menschlichen Leibe richtig, wenn Sie sie ansehen als kleine Knochenstücke, die eigentlich zu einem Schädel gehören, der sich darüber schließt, nur ist das andere noch nicht ausgebildet. So haben Sie gleichsam einen zweiten Menschen in den ersten eingeschlossen.» (GA 156, S. 81 f.)

So kann man sich den Schädel für das denkende Herz-Hirn in der Brust vorstellen und – durch die im nächsten Teil des Buches dargestellten Übungen – diese Vorstellung immer konkreter und lebendiger in sich machen.

* *
*

ZWEITER TEIL:
DIE SECHS ÜBUNGEN

Man lernt durch einfache Denkübungen
für ein sachgemäßes Vorstellen gegenüber der Welt
der Saturn-, Sonnen- und Mondentwickelung
mehr als durch komplizierte und gelehrte Ideen.

Rudolf Steiner

DER AUFBAU

Im Folgenden werden die verschiedenen Schritte der Darstellung charakterisiert, nach denen die Kapitel über die Sechs Übungen aufgebaut sind. Die hier angegebene Reihenfolge kann in jedem Kapitel etwas verändert sein.

Die Ausführungen sind in einer systematischen Form gehalten, mehr als Skelett oder Gerüst als nach Art einer Schilderung oder Erzählung. Es obliegt dem Leser, sie wieder in eine flüssige Form zu bringen.

Bezeichnungen: Hier werden einige von Rudolf Steiner verwendeten Bezeichnungen für die einzelnen Übungen wiedergegeben.

Wortlaute Rudolf Steiners: Hier werden nur Auszüge aus den schriftlichen Darstellungen wiedergegeben, und zwar nur diejenigen, die die Ausführung der Übungen unmittelbar betreffen; durch diese Auswahl ist aber nicht eine Begrenzung der Inhalte beabsichtigt. Die Texte sind den folgenden Bänden der Gesamtausgabe entnommen: *Wie erlangt man Erkenntnisse der höheren Welten?* (GA 10), *Die Stufen der höheren Erkenntnis* (GA 12), *Die Geheimwissenschaft im Umriß* (GA 13) und *Anweisungen für eine esoterische Schulung* (GA 245; neu in: *Seelenübungen*. I. GA 267). Nicht wiedergegeben sind die mündlichen Darstellungen, die meistens in den frühen Vorträgen von etwa 1905 bis 1908 oder in den «Esoterischen Stunden» gegeben wurden (s. Fußnote S. 64).

Schon im letzten Kapitel der *Theosophie* hat Rudolf Steiner die Übungen teilweise skizziert. In dieser Form können sie aber nicht gut mit der systematischen Darstellung in den anderen hier genannten Schriften verglichen werden; ein solcher Vergleich würde den Rahmen der vorliegenden Abhandlung sprengen.

Die Übung: Hier wird das Wesentliche der Übung in einen Satz zusammengezogen.

Was zu tun ist: Hier werden die Schritte der Ausführung dargestellt.

Eine typische Ausführung: Hier wird, wenn nötig, ein konkretes Beispiel gegeben, um die Ausführungsart zu verdeutlichen.

Was wichtig ist: Hier werden die Besonderheiten jeder Übung hervorgehoben.

Was man vermeiden soll: Hier wird auf mögliche Fehler aufmerksam gemacht.

Ebenen der Aufmerksamkeit: Hier wird auf drei Ebenen hingewiesen, auf welche die Aufmerksamkeit während des Übens gelenkt werden soll, damit dieses systematisch durchgeführt werden kann:

- physische Ebene: die physische Umgebung, Dinge, Gegenstände, der eigene Körper und so weiter;
- ätherische Ebene: Tätigkeiten, Lebensumstände und so weiter;
- astralische Ebene: Seelenstimmungen, Gefühle, Empfindungen und so weiter.

Praktische Hinweise: Hier werden für jede Übung praktische Vorschläge gemacht, wie sie sich aus der Erfahrung ergeben haben. Hinweise, die einen mehr allgemeinen Charakter haben, zum Beispiel auf die Dauer des Übens, finden sich im Kapitel «Der Übungsplan».

Ätherströme: Hier werden die Ströme, die als Folge des Übens im Ätherleib auftreten können, aufgezeigt. Diese Ätherströme sind zielgerichtete Schwingungen. Eine ausführliche Darstellung findet sich im Kapitel «Die Ätherströme».

Haltung: Hier wird auf die jeder Übung entsprechende Haltung hingewiesen. Diese Haltungen sind körperliche Stellungen, die mit bestimmten Vorstellungen verbunden sind. Im dritten Teil dieses Buches werden sie ausführlich besprochen.

Wirkung: Hier werden die Wirkungen des Übens auf physischen, ätherischen und astralischen Leib genannt; für die letzten drei Übungen wird zusätzlich auf die Beteiligung einiger übersinnlicher, geistiger Wesenheiten hingedeutet.

Die Beziehung zur polaren Übung: Hier wird der Zusammenhang der letzten drei Übungen mit den ersten drei Übungen erklärt.

Geistige Leiter: Auch hiervon wird nur bei den letzten drei Übungen gesprochen. Es werden die übersinnlichen Wesenheiten genannt, die sich an der Ausführung der Übungen beteiligen. Dazu wird eine knappe Erklärung zu diesen Wesenheiten gegeben.

Die Bedeutung der Ausdrücke «Kontrolle» und «Erfüllung» im Zusammenhang mit den letzten drei Übungen wird sich im Laufe der Ausführungen ergeben.

Mancher Leser wird sich vielleicht an der manchmal zu detaillierten und pedantischen Darstellung stoßen. Diese hat aber ihren guten Grund. Die Erfahrungen in den Seminaren, aus denen dieses Buch hervorging, zeigten, daß die Fragen vieler Teilnehmer Inhalte betrafen, die zum Teil schon mehrfach behandelt waren oder leicht aus dem Kontext hätten erschlossen werden können.

* *
*

DIE ERSTE ÜBUNG: KONTROLLE DES DENKENS

Inmitten dessen, was als unser Denken
zumeist ohn unser Zutun uns durchflüchtet,
beschloß er, sich gesammelt zu versenken

in einen unvermittelt frei gewählten
Gedanken und ihm fest sich einzusenken:
daß sich ihm, also streng gezüchtet,

die Kräfte reinen Denkvermögens stählten.

Christian Morgenstern

Bezeichnungen: Regelung, Beherrschung des Gedankenverlaufes, Gedankenkontrolle, Kontrolle der Gedankenwelt, Herrschaft der Seele über ihre Gedankenführung, Abgewöhnung eines irrlichtelierenden Denkens, Aneignung eines vollkommen klaren Denkens, Konzentration.

Wortlaute Rudolf Steiners: «Das erste, was ... der Geheimschüler beobachtet, ist die Regelung seines Gedankenlaufes (die sogenannte Gedankenkontrolle) ... Hört der Geheimschüler unlogische Gedanken, so läßt er sich sogleich das Richtige durch den Kopf gehen. Er soll nicht lieblos sich einer vielleicht unlogischen Umgebung entziehen, um seine Entwickelung zu fördern. Er soll auch nicht den Drang in sich fühlen, alles Unlogische in seiner Umgebung sofort zu korrigieren. Er wird vielmehr ganz still in seinem Innern die von außen auf ihn einstürmenden Gedanken in eine logische, sinngemäße Richtung bringen. Und er bestrebt sich, in seinen eigenen Gedanken überall diese Richtung einzuhalten.» (GA 10, S. 127f.) – «Man stellt da einen Gedanken aus völliger innerer Freiheit in den Mittelpunkt seiner Seele, während sich sonst die Vorstellungen von außen aufdrängen. Dann versucht man alle aufsteigenden Gedanken und Gefühle fernzuhalten und nur das mit dem ersten Gedanken zu verbinden, von dem man selbst will, daß es dazu gehöre.» (GA 12, S. 31.) – «Wer sich überwindet, durch Monate hindurch täglich wenigstens fünf Minuten seine Gedanken an einen alltäglichen Gegenstand (zum Beispiel eine Stecknadel, einen Bleistift usw.) zu wenden und während dieser Zeit alle Gedanken auszuschließen, welche nicht mit diesem Gegenstande zusammenhängen, der hat nach dieser Richtung hin viel getan. (Man kann täglich einen neuen Gegenstand bedenken oder mehrere Tage einen festhalten.) … Denn wenn man eine Zeitlang die Gedanken heftet an etwas, was einem ganz bekannt ist, so kann man sicher sein, daß man sachgemäß denkt. Wer sich frägt: Welche Bestandteile setzen einen Bleistift zusammen? Wie werden die Materialien zu dem Bleistift vorgearbeitet? Wie werden sie nachher zusammengefügt? Wann wurden die Bleistifte erfunden? und so weiter, und so weiter: ein solcher paßt seine Vorstellungen sicher mehr der Wirklichkeit an als derjenige, der darüber nachdenkt, wie die Abstammung des Menschen ist oder was das Leben ist. Man lernt durch *einfache Denkübungen* für ein sachgemäßes Vorstellen gegenüber der Welt der Saturn-, Sonnen- und Mondenentwickelung mehr als durch komplizierte und gelehrte Ideen. Denn zunächst handelt es sich gar nicht darum, über dieses oder jenes zu denken, sondern *sachgemäß durch innere Kraft* zu denken. Hat man sich die Sachgemäßheit anerzogen an einem leicht überschaubaren sinnlich-physischen Vorgang, dann gewöhnt sich das Denken daran, auch sachgemäß sein zu wollen, wenn es sich nicht durch die physisch-sinnliche Welt und ihre Gesetze beherrscht fühlt. Und man gewöhnt es sich ab, unsachgemäß die Gedanken schwärmen zu lassen.» (GA 13, S. 330f.) – «Die erste Bedingung ist die Aneignung eines vollkommen klaren Denkens. Man muß zu diesem Zwecke sich, wenn auch nur eine ganz kurze Zeit des Tages, etwa fünf Minuten (je mehr, desto besser) freimachen von dem Irrlichtelieren der Gedanken. Man muß Herr in seiner Gedankenwelt werden ... Man muß sich also in obiger Zeit ganz nach freiem Willen leer machen in der Seele von dem gewöhnlichen, alltäglichen Gedankenablauf und sich aus eigener Initiative einen Gedanken in den Mittelpunkt der Seele rücken. Man braucht nicht zu glauben, daß dies ein hervorragender oder interessanter Gedanke sein muß; was in okkulter Beziehung erreicht werden soll, wird sogar besser erreicht, wenn man anfangs sich bestrebt, einen möglichst uninteressanten und unbedeutenden Gedanken zu wählen. Dadurch wird die selbsttätige Kraft des Denkens, auf die es ankommt, mehr erregt, während bei einem Gedanken, der interessant ist, dieser selbst das Denken fortreißt. Es ist besser, wenn diese Bedingung der Gedankenkontrolle mit einer Stecknadel, als wenn sie mit Napoleon dem Großen vorgenommen wird. Man sagt sich: Ich gehe jetzt von diesem Gedanken aus und reihe an ihn durch eigenste Initiative alles, was sachgemäß mit ihm verbunden werden kann. Der Gedanke soll dabei am Ende des Zeitraumes noch ebenso farbenvoll und lebhaft vor der Seele stehen wie am Anfang.» (GA 245, S. 15f.; neu: GA 267, S. 55f.)

Die Übung: Über einen bestimmten Gegenstand gründlich und harmonisch strukturiert nachdenken.

Was zu tun ist: Einen einfachen, von Menschen geschaffenen (künstlichen) Gegenstand auswählen, zum Beispiel eine Stecknadel, einen Bleistift, ein Streichholz, einen Stuhl, ein Handtuch. Alles Wissen über den Gegenstand sich aneignen und eventuell notieren, um es gut im Gedächtnis behalten zu können. Hilfreich dazu können Enzyklopädien, Fachbücher oder populäre Werke sein, beispielsweise: Henry Petroski, *Der Bleistift;* Charles Panati, *Universalgeschichte der ganz gewöhnlichen Dinge;* Metzger und Hünemann, *In der Buntstift-Fabrik;* Michael Faraday, *Naturgeschichte einer Kerze.*

Oder man lerne den ganzen Herstellungsprozeß vom Rohstoff bis zum Endprodukt selbst kennen. Eine schriftliche Darstellung dieses Prozesses könnte dann ein Artikel in einer Enzyklopädie sein. (Einige der frühen Veröffentlichungen Rudolf Steiners waren Artikel in Pierers Lexikon.)

- Man bleibe immer sachlich, nah am Gegenstand und vermeide es, zu interpretieren.
- Man bemühe sich, eine gut strukturierte Gedankenfolge über drei, vier oder sieben Stufen beziehungsweise Ebenen aufzubauen (siehe unten). Statt der vollständigen Ausführung über sieben Stufen kann man sich auch, zumindest vorläufig, auf die ersten drei oder vier Stufen beschränken.
- Wenn man alles in der richtigen Reihenfolge durchdenken kann, stelle man sich den ganzen Prozeß bildhaft lebendig vor wie einen Film, auch rückwärts.

Was man vermeiden soll:

- Undiszipliniert, zufällig, chaotisch denken.
- Assoziativ, zerstreut, willkürlich subjektiv, «schlau» und «klug» denken.
- Gedanken einfach kommen lassen, das heißt sich passiv ihnen hingeben, statt selber aktiv die Gedankenfolge aufzubauen.
- Schwärmen, von der geraden Bahn abkommen.

Was wichtig ist: Sich zur Gewohnheit machen, einen organisch strukturierten Gedankenverlauf so zu erüben, daß er zur inneren Notwendigkeit wird.

Das Gerüst der Gedankenebenen:

	äußerer Aspekt (Gegenstand)	*innerer Aspekt (Begriff)*
4. Ich-Ebene	Wesen, Erfinder	
3. Astralebene	Design, Befriedigung	Notwendigkeit, Wert
2. Ätherebene	Entstehung, Prozeß	Ursprung, Geschichte
1. Leibebene	Form und Stoff	Gegenstandsarten

Fragen an den Gegenstand:

1. Was sind die Formelemente, die Bestandteile, die Rohstoffe?
2. Wie wurden die Bestandteile vorbereitet und zusammengesetzt?
3. Warum und zu welchem Zweck wurde der Gegenstand gerade so entworfen (Design)? Was empfinde ich ihm gegenüber?
4. Wer hat ihn erfunden? Wann? Wo?
5. Warum, zu welchem Zweck wurde er von seinem Erfinder gedacht?
6. Wie entwickelte sich die Vorgeschichte dieses Gegenstandes?
7. Was sind die verschiedenen Typen des Gegenstandes – nach Form, Stoff, Nutzung und so weiter.

Eine typische Ausführung: Die Bleistiftübung

1. *Physische Ebene (äußere):* **Form und Stoff;** was mit den Sinnen wahrgenommen werden kann.
   - Gestalt, Größe, Farbe, Bestandteile;
   - Schwere, Oberfläche, Struktur, Festigkeit (Konsistenz), Temperatur;

- Klang, Dichte;
- Geruchsart und -intensität, zum Beispiel Zedernholz und Kunststoff;
- Geschmack;
- Material nach dem jeweiligen Bestandteil: Holz, Graphit und Ton (Mine), Leim, Lack und Druckfarbe (für das Holz und die Beschriftung), Radiergummi, Messing.

2. *Ätherische Ebene (äußere):* **Prozesse in der Zeit, Lebenstätigkeiten** (zunächst nach den Bestandteilen, dann in der Zusammenfügung)
   - Holz: Wald, Fällen der Bäume, Transport (das gilt auch für alles Folgende), Zersägen und so weiter;
   - Graphitmine: Graphit und Ton, Bergbau, Reinigung, Zermahlen zu Pulver, Mischen, Pressen, Brennen im Ofen;
   - Leim: Rohstoffe, Herstellung;
   - Lacke und Druckfarbe (für die Beschriftung): Gewinnung von Öl und Farbpigmenten, Herstellung;
   - Radiergummi: Rohstoff aus Öl oder Latex, Herstellung;
   - Messing: Bergbau, Schmelzen, Herstellung.

   Dann vergegenwärtige man sich das Zusammensetzen der Bestandteile in der Fabrik, das Verpacken der fertigen Bleistifte, den Transport zum Geschäft und so weiter.

3. *Astralische Ebene (äußere):* **Design, Empfindungen**
   - Design: Funktion, Ergonomie, wirtschaftliche Überlegungen;
   - Empfindungen: Qualitäten, Angemessenheit, Ästhetisches, Gebrauch.

4. *Ich-Ebene:* **Wesen, der Erfinder**

   Wer hat den Bleistift erfunden? Wann und wo und wie? (Nicolas Jacques Conté erfindet 1795 die Graphit/Ton-Mischung und schafft damit einen Bleistift, der sich mit nur wenigen Änderungen bis heute erhalten hat.)

5. *Astralische Ebene (innere):* **Notwendigkeit der Erfindung, Zweck und Bedeutung, Folgen für das alltägliche Leben und für die Kultur und so weiter.**

   Großer Vorteil gegenüber den zur Zeit der Erfindung existierenden Schreibwerkzeugen; dadurch Entstehung einer neuen Stufe in der Kulturentwicklung.

6. *Ätherische Ebene (innere):* **Geschichte der Entwicklung der Schreibwerkzeuge, Wirkungen auf die Kulturentwicklung**
   - Reihenfolge: Finger, Äste, Steine, Pinsel, Griffel, Kreide, Feder, Federhalter;
   - Wirkungen: fördert die industrielle Revolution durch die Möglichkeit, Gedanken schnell und leicht schriftlich festzuhalten.

7. *Physische Ebene (innere):* **der Begriff «Bleistift» und seine verschiedenen Ausgestaltungen**
   - nach der Funktion: schreiben, zeichnen, markieren und so weiter;
   - nach der Größe: Zimmermannsstift, Taschenkalenderstift und so weiter;
   - nach dem Querschnitt: zylindrisch, drei-, vier-, sechskantig und so weiter;
   - nach dem Aufbau: Holz oder mechanischer Druckstift;
   - nach der Härte: insgesamt 14 Härtegrade.

Ergänzung: Mit diesen sieben Schritten der Ausführung gelangt der Übende schließlich zu dem «Begriff Bleistift», in dem alle möglichen Arten von Bleistiften, auch zukünftige mögliche Formen, enthalten sind; es ist das Urbild des Bleistifts, der «Urbleistift». So kommt man von der Vorstellung eines einzelnen Gegenstandes zum Urbild des Gegenstandes.

Wenn man die vollständige Genese des einzelnen Gegenstandes verfolgt hat, kann sich die Richtung des Übens auch umkehren: vom Urbild zum konkreten Gegenstand. Die einzelnen Schritte erfolgen nun in umgekehrter Reihenfolge:

1. der Urbegriff «Bleistift»;
2. der «Stammbaum» des Bleistifts;
3. Notwendigkeit der Erfindung (Ursache) und künftiger Zweck;
4. Erzeugung oder die Verwandlung des Begriffs in die Vorstellung beim Erfinder;
5. Design, Entwurf der Form und der qualitativen Aspekte;
6. Herstellung und Verkauf;
7. Wahrnehmen und Vorstellen eines konkreten Bleistifts.

Ich-Ebene		4. Erfinder		
Astralebene		5. Entwurf	3. Notwendigkeit	
Ätherebene	6. Herstellung			2. Stammbaum
physische Ebene	7. Bleistift			1. Urbleistift

Diese Art der Ausführung weist hin auf die universale Entstehungsart der materiellen Dinge aus den geistigen Urbildern: Urbild (Archetyp) – Abstieg über den Stammbaum – Findungsintention (als Empfängnis), Motivation für die Erzeugung – Erzeugung – «Embryonalstufe» – Geburt und Wachstum – Reife, Vollendung. Es sind also sieben Stufen des Abstiegs.

Praktische Hinweise: Es empfielt sich, die Übung früh am Morgen, wenigstens am Vormittag zu machen, weil sie – auch unvollkommen ausgeführt – sehr wach macht und mit Kraft und Energie, mit «Aufrichtekraft» erfüllt.

Auch ist es gut, am Anfang, das heißt während der ersten Zyklen der Wiederholung aller Sechs Übungen, mit mehreren Gegenständen zu üben, schließlich aber nur noch mit einem (siehe auch den folgenden Abschnitt «Bemerkung»).

Wenn es nicht möglich ist, *alle* Einzelheiten für die Ausführung in Erfahrung zu bringen – das betrifft vor allem den zweiten Schritt, die ätherische Ebene –, dann stelle man sich aus der eigenen Phantasie nur diejenigen Einzelheiten vor, die für eine fließende Ausführung ausreichend sind.

Bemerkung: Indem man die Übung zusätzlich in umgekehrter Reihenfolge ausführt, also rückwärts denkt, kann eine rhythmische, pendelartige *Gedankenwelle* entstehen. Dann wird durch eine derartige «Kontrolle des Denkens» das Denken als Schwingung, als Welle erlebt und als Tätigkeit des Ätherleibes und mit dem Ätherleib erfahren.

Der Sinn der Übung, wie sie bis jetzt dargestellt wurde, liegt *nicht* in der Beherrschung des Ausgeführten. Das bisher Dargestellte ist nur die Vorbereitung für die eigentliche esoterische Ausführung; denn bis jetzt kann die Übung durchaus mit den Möglichkeiten des gewöhnlichen, intellektuellen Denkens ausgeführt werden. Die eigentliche Übung beginnt erst, wenn man die Ausführung so gut beherrscht und so oft wiederholt hat, daß sie ganz und gar *langweilig* geworden ist. Erst wenn die Ausführung wie von selbst, sozusagen «automatisch» vor sich gehen kann, wenn sie zur Gewohnheit, also zur Seelenfähigkeit geworden ist, wird es möglich sein, die Konzentration und Aufmerksamkeit nicht mehr auf das Objekt der Übung zu richten, sondern sich selbst ganz auf die wellenartigen Schwingungen des denkenden Ätherleibes, die Denkbewegungen, auf die reine Denktätigkeit selbst zu konzentrieren. Das ist der eigentliche, wahre Sinn der Übung: die *«innere Kraft»* zu erleben. Wenn man das Wesen des Denkens so erleben kann, wird auch der diesem Denken entsprechende Ätherstrom real wahrgenommen werden können. Diese Bemerkung gilt entsprechend auch für die anderen Übungen.

Ätherstrom: Ein inneres *Gefühl* von Festigkeit und Sicherheit, aber wie von rhythmisch fließendem Wasser; dieses gieße man von der Stirn über den Hinterkopf in die Mitte des Rückens hinein.

Haltung: Die erste Haltung von «Ich denke die Rede». Umkreis und Zentrum, die Welt.

Wirkung: Das Denkvermögen wird wesentlich gekräftigt. Es entsteht oder wird verstärkt eine organisch-menschengemäße Ordnung sowie das physische Gerüst des Ich, so daß die tägliche Lebensführung harmonisch strukturiert wird.

DIE ZWEITE ÜBUNG: KONTROLLE DES WOLLENS

Wie so des Denkens Schwingen sich befreiten,
begann er auch sein Wollen zu entbannen,
das allzulang ins gleiche Joch geschirrte:

indem es planvoll die Notwendigkeiten
des Tagwerkhandelns auf gewisse Spannen
durch Eigenhandeln unterbrach und irrte –

daß Ströme Kraft von Herz zu Haupt ihm rannen.

Christian Morgenstern

Bezeichnungen: Kontrolle des Willens, Kontrolle der Handlungen, Herrschaft über die Willensimpulse, Initiative des Handelns, Übung des Willens, Herrschaft der Seele über ihren Willen.

Wortlaute Rudolf Steiners: «Ein zweites ist, eine ebensolche Folgerichtigkeit in sein Handeln zu bringen (Kontrolle der Handlungen). Alle Unbeständigkeit, Disharmonie im Handeln gereichen ... zum Verderben. Wenn der Geheimschüler etwas getan hat, so richtet er sein folgendes Handeln danach ein, daß es in logischer Art aus dem ersten folgt. Wer heute im anderen Sinn handelt als gestern, wird nie den charakterisierten Sinn entwickeln.» (GA 10, S. 128.) – «Kontrolle der Handlungen besteht in einer ähnlichen Regelung derselben durch innere Freiheit. Man beginnt gut damit, daß man sich anschickt, irgend etwas regelmäßig zu tun, wozu man durch das gewöhnliche Leben nicht gekommen wäre. In dem letzteren wird ja der Mensch von außen zu seinen Handlungen getrieben. Die kleinste Tat aber, die man aus der ureigensten Initiative heraus unternimmt, wirkt in der angegebenen Richtung mehr als alles, wozu man vom äußeren Leben gedrängt wird.» (GA 12, S. 31.) – «Eine gute Übung ist es, durch Monate hindurch sich zu einer bestimmten Tageszeit den Befehl zu geben: Heute ‹um diese bestimmte Zeit› wirst du ‹dieses› ausführen. Man gelangt dann allmählich dazu, sich die Zeit der Ausführung und die Art des auszuführenden Dinges so zu befehlen, daß die Ausführung ganz genau möglich ist.» (GA 13, S. 332.) – «Man versuche irgendeine Handlung zu erdenken, die man nach dem gewöhnlichen Verlaufe seines bisherigen Lebens ganz gewiß nicht vorgenommen hätte. Man mache sich nun diese Handlung für jeden Tag selbst zur Pflicht. Es wird daher gut sein, wenn man eine Handlung wählen kann, die jeden Tag durch einen möglichst langen Zeitraum vollzogen werden kann. Wieder ist es besser, wenn man mit einer unbedeutenden Handlung beginnt, zu der man sich sozusagen zwingen muß, zum Beispiel man nimmt sich vor, zu einer bestimmten Stunde des Tages eine Blume, die man sich gekauft hat, zu begießen. Nach einiger Zeit soll eine zweite dergleichen Handlungen zur ersten hinzutreten, später eine dritte und so fort, soviel man bei Aufrechterhaltung seiner sämtlichen anderen Pflichten ausführen kann.» (GA 245, S. 16; neu: GA 267, S. 56f.)

Die Übung: Man gebe sich den Befehl, jeden Tag zu einem Zeitpunkt, den man selbst bestimmt hat, eine Handlung auszuführen, die keinen besonderen Sinn ergibt.

Was zu tun ist:

- Man nehme sich eine oder mehrere Handlungen vor und bestimme auf die Minute genau, wann jede Handlung ausgeführt werden soll. Man suche sich eine einfache, unbedeutende Handlung aus, die man sonst nicht tun würde, die überhaupt keinerlei Beziehung zum eigenen täglichen Tun hat.

- Man führe die Handlungen zu den vorgesehenen Zeitpunkten aus und überprüfe, ob man den Zeitpunkt genau eingehalten hat.
- Falls man den Zeitpunkt nicht genau auf die Minute getroffen hat, bestimme man an Ort und Stelle unmittelbar einen neuen Termin, an dem man dieselbe Handlung versuchen wird zu wiederholen. Die Wiederholung versuche man jedoch nicht mehr als dreimal.
- Man wähle sehr einfache Handlungen, die unter allen möglichen Umständen auszuführen sind, zum Beispiel: den linken Ringfinger zur Nase führen, die Krawatte zurechtrücken, einen Hemden- oder Blusenknopf berühren, mit der linken Hand dreimal ans rechte Knie klopfen, durch die Haare streichen oder mit dem Zeigefinger einen Kreis in die Luft zeichnen und so weiter.
- Immer schaue man erst nach der ausgeführten Handlung auf die Uhr!

Was man vermeiden soll:

- Alle üblichen, routinemäßigen, notwendigen Handlungen, zum Beispiel Zähneputzen.
- Alle nicht zu umgehenden Handlungen, zum Beispiel das Waschbecken putzen, den Briefkasten leeren.
- Alle Zeitpunkte, die an die alltägliche Routine anknüpfen, zum Beispiel Aufwachen, Mahlzeiten, Ende der Arbeitszeit.
- Immer denselben Zeitpunkt wählen oder dieselbe Handlung wiederholen; denn mehrere identische Handlungen sind nur eine.

Was wichtig ist: Diese Übung kann den Willen stärken und Unzufriedenheit und Rastlosigkeit zu überwinden helfen.

Jedoch kann man nur das erreichen, was in den eigenen Möglichkeiten liegt. Stabilität und innere Befriedigung hängen davon ab, daß man nur das anstrebt, was auch erreichbar ist.

Eine typische Ausführung:

Vorbedingung: eine Uhr bei sich zu tragen.

1. **Die Entscheidung:** Jeden Tag vor dem Frühstück werde ich mir die Befehle für den Tag geben, das heißt die Handlungen wählen und die Zeitpunkte für die Ausführung festlegen.
2. **Der Befehl:** Erstens, um 10.45 werde ich mit dem linken Zeigefinger vor mir ein Dreieck in die Luft zeichnen. Zweitens, um 14.00 werde ich aufstehen und dreimal tief atmen. Drittens, um 16.32 …
3. **Häufigkeit:** Drei bis fünf Handlungen pro Tag. Mehr ist unrealistisch, wie sich aus der Erfahrung gezeigt hat, wenigstens am Anfang, und zwar wegen der Wiederholungen, die durch verpaßte Zeitpunkte notwendig werden.
4. **Mißerfolge:** Wenn der Zeitpunkt verpaßt wurde, dann soll man an Ort und Stelle einen neuen Zeitpunkt für die Wiederholung bestimmen. Es ist ratsam, ähnliche Zeitpunkte zu vermeiden, also wenn man beispielsweise 11.30 verpaßt hat, dann nicht 12.30 oder 16.30 sich vorzunehmen, sondern besser 12.53 oder 16.22.

   Das äußere **Ziel** ist, den Zeitverlauf so zu beherrschen, daß man die Uhr nach dem eigenen neuentwickelten Zeitsinn stellen kann, und zwar auf die Minute genau.

Ebenen der Aufmerksamkeit: Man wird bald bemerken, daß die pünktliche Ausführung des Vorgenommenen nicht in allen Situationen und zu jedem Zeitpunkt gleich gut gelingt. Da kann es weiterhelfen, die Aufmerksamkeit auf die Umstände zu richten, welche die größten Hindernisse darstellen beziehungsweise unter denen die Handlung leichter auszuführen ist. Diese Umstände können auf verschiedenen Ebenen liegen und beispielsweise von folgendem abhängen:

- *Auf der physischen Ebene:* ob man mit konkreten Gegenständen umgeht wie zum Beispiel während körperlicher Arbeit; ob man sich im offenen oder geschlossenen Raum befindet; ob sich die Handlung auf den eigenen Körper richtet und so weiter.
- *Auf der Ätherebene:* ob die Handlung während eines aktiven oder eines ruhigen Tagesabschnitts, während einer geistigen oder einer praktischen Arbeit, während der Arbeit oder in der Freizeit ausgeführt werden soll; ob man zu der betreffenden Zeit krank oder gesund ist und so weiter.
- *Auf der Astralebene:* ob man in einer guten oder weniger guten seelischen Verfassung ist; ob die Situation eine starke Konzentration verlangt, zum Beispiel bei Konferenzen, Gesprächen, beim Schreiben, Autofahren und so weiter; ob sie entspannt ist wie beim Spielen, in der Mittagspause, bei leichter Lektüre, im Urlaub und so weiter.

Praktische Hinweise: Ganz am Anfang ist es besser, sich nicht mehr als zwei Befehle für den Tag zu geben, und zwar um genügend Zeit für die Wiederholungen zu haben, wenn man den Zeitpunkt verpaßt hat.

Wenn man merkt, daß man die Befehle während des Tages nicht im Gedächtnis behalten kann, dann ist es günstig, sie irgendwo, zum Beispiel in einem Tagebuch, zu notieren, bis dieses Bedürfnis geringer wird und schließlich ganz verschwindet.

Ätherstrom: Ein Gefühl von Tatendrang und Energie, wie ein Strom von rauschendem Wasser, vom Kopf über die Stirn herab zum Herzen und in den ganzen oberen Teil des Körpers hineinfließend.

Haltung: Die zweite Haltung von «Ich denke die Rede». – Vom Zentrum zum Umkreis. Ich (wirke) in die Welt.

Die Wirkung: Indem man diese Übung des Wollens zu einer gewissen Vollkommenheit bringt, entzieht man sich immer mehr der Tyrannei der Zeit und schafft damit Zeit. Man lernt die eigenen Willensimpulse beherrschen und nimmt damit die Tätigkeit des Ätherleibes, welcher der eigene Zeitleib ist, in die Hände. Das Willensvermögen stellt sich auf eine neue Grundlage, indem es sich nicht mehr von dem vorwärtsdrängenden Zeitstrom mitreißen läßt.

Es geht hier eigentlich um den Unterschied zwischen der immer vorwärts laufenden chronologischen Zeit, welcher der Mensch unterworfen ist, und der Zeit, die für das Schicksal des Menschen «richtig» ist. Die alten Griechen hatten zwei Bezeichnungen für «Zeit»: Die eine, die meßbare, physische, chronologische Zeit nannten sie *chronos* und die andere, die nicht meßbare, qualitative, die richtige Zeit *kairos*. (Die Zeit, die in den Evangelien mit dem Leben und den Taten des Christus verbunden ist, ist immer ein kairos, steht also nicht unter dem Gesetz der physischen Zeit.) Es gehört ja auch schon zu den Erfahrungen des gewöhnlichen Lebens, daß die Zeit wie elastisch ist und keineswegs immer der meßbaren Uhrzeit entspricht: Manchmal zieht sie sich zu einem unglaublich kurzen Augenblick zusammen, manchmal dehnt sie sich unerträglich in die Länge. – So gesehen ist es der Sinn dieser Übung, die Tyrannei des chronos zu überwinden und selbst den kairos des eigenen Schicksals, den «richtigen» Zeitpunkt, zu finden. Dann, wenn die Übung ihr Ziel erreicht, ist man in der Lage, selbst Zeit zu schaffen. Dann gilt nicht mehr: «ich habe keine Zeit», sondern: «ich habe Zeit, weil ich will».

DIE DRITTE ÜBUNG: KONTROLLE DES FÜHLENS

So lange wir nicht ruhevoll-gelassen
vermögen Glück wie Unglück zu ertragen,
so lange werden wir die Welt nicht fassen.

Wir müssen ohne Lieben, ohne Hassen
so Leid wie Lust nach ihrem Sinne fragen.
Nur so wird Sinnentrug zu Schein verblassen,
nur dann vermag uns Gott Sein Wort zu sagen.

Christian Morgenstern

Bezeichnungen: Gleichmut, Erwerbung eines Lebensgleichgewichtes, Ertragsamkeit, (seelisches) Gleichgewicht, (innere) Gelassenheit, Herrschaft der Seele über ihre Gefühle, Erhabensein über Lust und Leid, Überwindung von Lust und Unlust.

- An einigen Stellen wird die *sechste* Übung bezeichnet als «Gleichgewicht der Seele» (GA 12, S. 33), «inneres Gleichgewicht» (GA 94, S. 44), «Gleichgewicht» (GA 266, S. 234).
- An einer einzigen Stelle, nämlich in *Wie erlangt man Erkenntnisse der höheren Welten?*, erscheint diese Übung nicht als die dritte, sondern als die *sechste*, nimmt also in der Reihenfolge, die an allen anderen Stellen eingehalten ist, einen anderen Platz ein. Daß es sich tatsächlich um die dritte Übung handelt, geht aus inneren Gründen hervor, die im Laufe dieser Darstellung deutlich werden sollen.
- Was hier leicht Verwirrung schaffen könnte, wird unter dem Gesichtspunkt der im ersten Kapitel erwähnten Unschärferelation verständlich.

Wortlaute Rudolf Steiners: «Das sechste ist die Erwerbung eines gewissen Lebensgleichgewichtes (Gleichmutes). Der Geheimschüler strebt an, seine gleichmäßige Stimmung zu erhalten, ob ihn Leid, ob ihn Erfreuliches trifft. Das Schwanken zwischen ‹himmelhochjauchzend, zu Tode betrübt› gewöhnt er sich ab. Das Unglück, die Gefahr finden ihn ebenso gewappnet wie das Glück, die Förderung.» (GA 10, S. 129.) – «Ertragsamkeit ist das Entfernthalten von jener Stimmung, die man bezeichnen kann mit dem Wechsel zwischen ‹Himmelhoch jauchzend, zu Tode betrübt›. Der Mensch wird hin- und hergetrieben zwischen allen möglichen Stimmungen. Die Lust macht ihn froh, der Schmerz drückt ihn herab. Das hat seine Berechtigung. Wer aber den Weg sucht zu höherer Erkenntnis, der muß sich in der Lust und auch im Schmerze mäßigen können. Er muß ‹ertragsam› werden. Maßvoll muß er sich den lusterregenden Eindrücken hingeben können und auch den schmerzlichen Erlebnissen: immer durch beides mit Würde hindurchschreiten. Von nichts sich übermannen, außer Fassung bringen lassen. Das begründet nicht Gefühllosigkeit, sondern macht den Menschen zum festen Mittelpunkt innerhalb der Lebenswellen, die rings um ihn auf- und niedersteigen. Er hat sich stets in der Hand.» (GA 12, S. 32.) – «In bezug auf die Gefühlswelt soll es die Seele für die Geistesschulung zu einer gewissen Gelassenheit bringen. Dazu ist nötig, daß diese Seele Beherrscherin werde über den Ausdruck von Lust und Leid, Freude und Schmerz. Gerade gegenüber der Erwerbung dieser Eigenschaft kann sich manches Vorurteil ergeben. Man könnte meinen, man werde stumpf und teilnahmslos gegenüber seiner Mitwelt, wenn man über das ‹Erfreuliche sich nicht erfreuen, über das Schmerzhafte nicht Schmerz empfinden soll›. Doch darum handelt es sich nicht. Ein Erfreuliches *soll* die Seele erfreuen, ein Trauriges *soll* sie schmerzen. Sie soll nur dazu gelangen, den *Ausdruck* von Freude und Schmerz, von Lust und Unlust zu beherrschen. Strebt man *dieses* an, so wird man alsbald bemerken, daß man nicht stumpfer, sondern im Gegenteil empfänglicher wird für alles Erfreuliche und Schmerzhafte der Umgebung, als man früher war. Es erfordert allerdings ein genaues Achtgeben auf sich selbst durch längere Zeit, wenn man sich die Eigenschaft aneignen will, um die es sich hier handelt. Man muß darauf sehen, daß man Lust und Leid voll miterleben kann, ohne sich dabei so zu verlieren, daß man dem, was man empfindet, einen unwillkürlichen Ausdruck gibt. Nicht den berechtigten Schmerz soll man unterdrücken, sondern das unwillkürliche Weinen; nicht den Abscheu vor einer schlechten Handlung, sondern das blinde Wüten des Zorns; nicht das Achten auf eine Gefahr, sondern das fruchtlose ‹sich fürchten› und so weiter.» (GA 13, S. 332f.) – «Im dritten Monat soll als neue Übung in den Mittelpunkt des Lebens gerückt werden die Ausbildung eines gewissen Gleichmutes gegenüber den Schwankungen von Lust und Leid, Freude und Schmerz, das ‹Himmelhochjauchzend, zu Tode betrübt› soll mit Bewußtsein durch eine gleichmäßige Stimmung ersetzt werden. Man gibt auf sich acht, daß keine Freude mit einem durchgehe, kein Schmerz einen zu Boden drücke, keine Erfahrung einen zu maßlosem Zorn oder Ärger hinreiße, keine Erwartung einen mit Ängstlichkeit oder Furcht erfülle, keine Situation einen fassungslos mache, usw., usw.» (GA 245, S. 17f.; neu: GA 267, S. 57.)

keine unwillkürliche Ausdruck

Die Übung: Die Äußerungen der eigenen Gefühle so souverän beherrschen lernen, daß nur die nach außen sichtbar werden, die man selbst bestimmt, oder überhaupt keine.

Eine typische Ausführung:

Vorübung: Man bemühe sich, die eigenen Gefühle und ihre körperlichen Ausdrucksformen, insbesondere das Mienenspiel, gründlich kennenzulernen. Dazu verschaffe man sich während einer bestimmten Zeit täglich eine mindestens 15minütige Ruhe und erforsche so gründlich wie möglich die gewohnten Äuße-

rungen des eigenen Gefühlslebens. Dann erst sollte man mit der eigentlichen Übung beginnen. Oft wird es nicht auf Anhieb gelingen, *alle* Gefühlsregungen und ihre Ausdrucksformen zu identifizieren; so wird man die Übung mit dem, was man bereits gefunden hat, eine Zeitlang machen und dann dazu übergehen, weitere Arten des Fühlens und ihres Ausdrucks zu erkunden.

Diese Übung vollzieht sich in drei Schritten:

In einem *ersten* Schritt wähle man täglich in einer Ruhezeit von mindestens 15 Minuten einige Gefühlsausdrücke aus, von denen man weiß, daß sie gleichsam zum täglichen Repertoire gehören, und nehme sich vor, diese während des nächsten Tages zu ändern: sie zu mäßigen, wenn sie zu mächtig sind, sie stärker zum Ausdruck zu bringen, wenn sie zu schwach sind oder überhaupt nicht in Erscheinung treten – so daß man eine mittlere Äußerungsebene erreicht. Wenn man die Äußerungen der eigenen Gefühle so weit beherrscht, dann kann man den Vorsatz fassen, sie überhaupt nicht zum Ausdruck kommen zu lassen.

Als *zweiten* Schritt versuche man während des nächsten Tages, das Vorgenommene zu verwirklichen, das heißt die jeweiligen Ausdrucksweisen der Gefühle, nicht aber die Gefühle selbst, zu verändern.

Der *dritte* Schritt besteht darin, während der täglichen Ruhezeit zuerst auf das Geübte zurückzuschauen und danach im Lichte dieser Rückschau den Übungsverlauf für den nächsten Tag zu bestimmen.

Man gliedert also diese Übung so, daß der erste und dritte Teil in der täglichen Ruhezeit stattfinden – der erste Teil an einem Tag, der dritte Teil am darauf folgenden –, während der zweite Teil den ganzen Tageslauf umfaßt.

Was zu tun ist:

- Zur Vorbereitung der Übung gehört, daß man sich eine – zunächst noch ganz ungegliederte – Liste der eigenen Gefühlsäußerungen anlegt. Auf dieser Liste können zum Beispiel erscheinen: scharfe Worte, böse Blicke, ungeduldige Gebärden und Worte, Grimassen, erhobene Stimme, kalte, feuchte, zittrige Hände, Schamröte, Tränen, die Sprache verlieren, fluchen, schimpfen, unkontrolliert schwätzen, seufzen, ein roter Kopf, herausplatzendes Lachen, Bauchweh – alle diese Erscheinungen sind unwillkürlich. Dann unterscheide man die mehr «innerlichen» von den mehr «äußerlichen» Ausdrucksformen. – Diese Liste kann man durch eine Liste von Gefühlen selbst ergänzen: Lust und Leid, Freude und Trauer, Niedergeschlagenheit und Ausgelassenheit, Tollkühnheit und Mut, Mitleid und Haß und so weiter.
- Da man normalerweise nicht alle eigenen Gefühlsäußerungen wahrnimmt, könnte man vertraute Freunde bitten, einen darauf aufmerksam zu machen und sie zu beschreiben, so daß man eine Art Spiegel vorgehalten bekommt.
- Man achte besonders darauf, wie und in welchen Richtungen man selbst in den eigenen Gefühlsäußerungen übertreibt. Stellt man fest, daß manche Äußerungen wie verkümmert sind, dann bemühe man sich, durch Üben diesen Mangel zu beheben.
- Entscheidend ist eine ehrliche, schonungslose Selbstbeobachtung.

Das *Ziel* dieser Übung ist, ein reiches, freies, möglichst unbefangenes Gefühlsleben zu entwickeln und dabei dessen Höhen und Tiefen völlig zu beherrschen, das heißt in die Mitte zu kommen, in der die Äußerungen von Sympathie und Antipathie sich die Waage halten und in deren Freiraum das Gefühl am intensivsten leben kann. Denn nur dann wird man über eine breite, harmonische Skala von Gefühlen verfügen können, wenn sie nicht durch einen Mangel an Ausdrucksmöglichkeiten eingeschränkt sind.

Was man vermeiden soll:

- die eigenen Ausdrucksformen der Gefühle zu begründen und zu entschuldigen, also zu rationalisieren;
- durch unehrliche Selbstbeobachtung in Selbsttäuschung zu verfallen, sich Wahnvorstellungen zu bilden, sich etwas vorzumachen;
- die Hilfe anderer von sich zu weisen, weil man selber auf seine Ausdrucksarten aufmerksam werden will;
- die Gefühle selbst statt ihrer Äußerungen zu unterdrücken.

Bestimmende Faktoren: Die Temperamente sind wichtige Faktoren im Ausdruck des Gefühlslebens; denn sie beeinflussen das Zuviel oder Zuwenig maßgeblich. Wer sein eigenes Temperament kennt, kann die Richtung für sein Üben leichter herausfinden.

Choleriker und *Sanguiniker* werden sich darin üben, ihre Gefühle wenig oder gar nicht zu äußern.

Phlegmatiker und *Melancholiker* sollen versuchen, ihre Gefühlsausdrücke willkürlich und bewußt zu steigern. Besser ist es jedoch, sie den Umständen anzupassen und, auch wenn sie nicht anzupassen sind, trotzdem damit zu experimentieren.

Ebenen der Aufmerksamkeit: Die oben genannte Liste der Gefühlsäußerungen kann man systematischer gestalten, indem man nach drei Ebenen gliedert:

– *Physische Ebene:* Hierher gehören hauptsächlich die Mimik und die Körpersprache (Stellungen, Gesten), aber auch die schwieriger zu kontrollierenden Äußerungen wie Schamröte, Tränen, Zittern, Kaltwerden, Schwitzen und so weiter.

- *Ätherebene:* Hier soll die Aufmerksamkeit einerseits auf die äußerlichen Gebärden (in Panik weglaufen, weinen, lauthals lachen und so weiter) gerichtet werden, andererseits auf die mehr psychosomatischen Reaktionen wie Bauch- und Kopfweh, depressive oder hysterische Reaktionen und so weiter.
- *Astralebene:* Hier handelt es sich meistens um Stimmungen der eigenen Seele: Erregungen, Seelenkälte, Gleichgültigkeit, distanzierte, reservierte Haltung, Niedergeschlagenheit, Verlegenheit, Beschämung und so weiter.

Was wichtig ist: ein *reiches* Gefühlsleben zu entwickeln, ohne gezwungen zu sein, die Gefühle unwillkürlich zu zeigen – fühlen, ohne es zu äußern.

Praktische Hinweise: Es kann hilfreich sein, sich die verschiedenen Gefühle und deren Äußerungen in Farbe und Form vorzustellen und auch zu versuchen, sie tatsächlich zu malen. Auf diese Weise kann man sie viel konkreter erfassen und sie auch besser beeinflussen.

Eine besonders wirksame Art, den eigenen Erfolg abzuschätzen, besteht darin, in einem Taschenkalender, der einen ganzen Monat auf einem Blatt zeigt (siehe Abb. 10), an jedem Tag die Mißerfolge – nicht die Erfolge – mit einem schwarzen Punkt zu markieren. Im Laufe des Übens werden sich die Blätter allmählich immer mehr aufhellen und den Erfolg wahrnehmbar machen. Das gibt neuen Mut!

Es ist nicht notwendig, von vornherein alle Äußerungsarten zu berücksichtigen, über die man verfügt. Vernünftiger ist es, wenn man zunächst zwei bis vier Äußerungen auswählt und dann, wenn sich ein erster Erfolg zeigt, auf drei bis fünf erweitert.

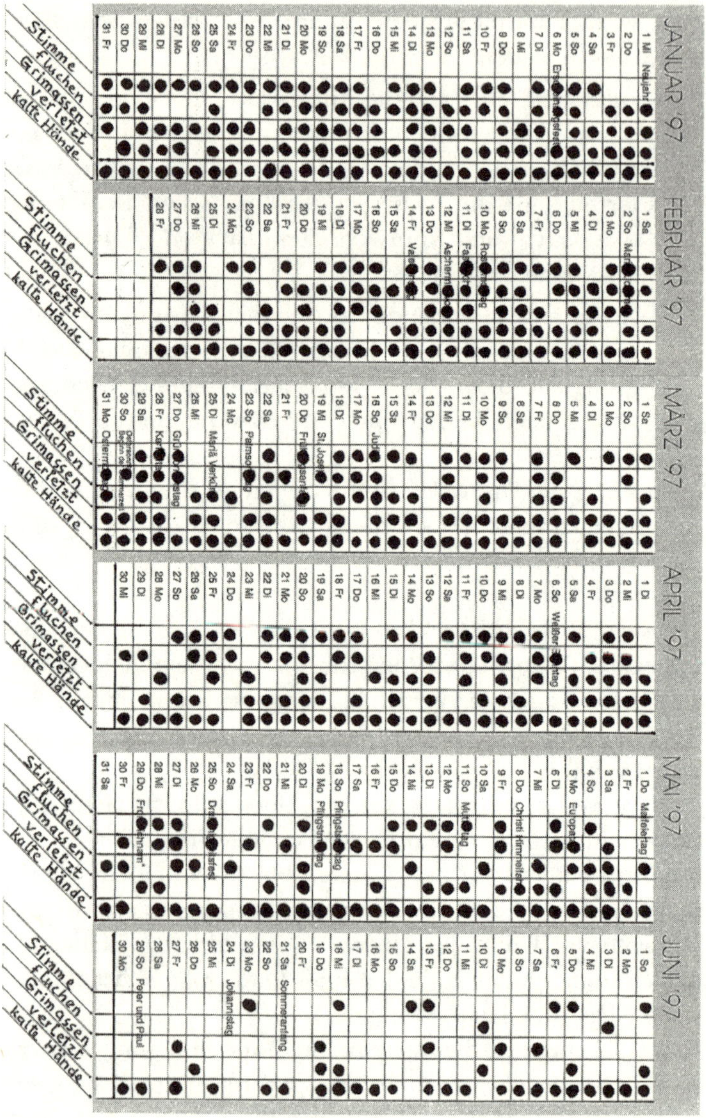

Abb. 10: Liste im Taschenkalender

Ätherstrom: Ein Gefühl von Ruhe, innerer Wärme und Seligkeit, im Herzen konzentriert und von da zunächst in die Hände, dann in die Füße und zuletzt nach dem Kopf fließend. Eine Empfindung, daß sich durch die Füße das eigene beherrschte Gefühlsleben in der Erde gründet, daß es durch die Hände in das eigene Handeln ausstrahlt und durch den Kopf die eigenen Absichten beleuchtet.

Haltung: Die dritte Haltung von «Ich denke die Rede». – Der Stern-Mensch. Geist in mir.

Wirkung: Durch die gewonnene Unabhängigkeit, Gelassenheit, innere Stabilität und Souveränität, das heißt durch die Herrschaft über den Astralleib, wird dieser zur seelischen Wärme- und Lichtquelle. Das Fühlen stellt sich auf einen neuen Grund, indem es sich aus dem Zwang zu unwillkürlichen Äußerungen befreit.

DIE VIERTE ÜBUNG: ERFÜLLUNG DES DENKENS IM FÜHLEN

Vor einem widerlich verwesten Hunde
beschränkt der Meister Jesus seine Schritte,
ungleich der Flucht verstörter Jüngerrunde.

Was soll's? so raunt's empört aus deren Mitte:
wär, sich vor Aas zu ekeln, kranke Laune?
Da hören sie, beschämt, auf ihre Bitte,

daß er des Tieres weiß Gebiß bestaune.

Christian Morgenstern

Bezeichnungen: Duldsamkeit, Toleranz, Vertrauen in die Umwelt, Sinn für Bejahung, Positivität, Unbefangenheit, Schauen des Schönen und Wahren in allen Dingen.

Ein einziges Mal nur wird diese Übung als «Unbefangenheit» bezeichnet: «Das vierte ist, was man als Unbefangenheit bezeichnen kann» (GA 95, S. 114.) Sonst wird «Unbefangenheit» für die fünfte Übung gebraucht. Auch hier gilt das «Unschärfeprinzip», wie es im ersten Kapitel dargestellt wurde.

Wortlaute Rudolf Steiners: «Das vierte ist die Duldsamkeit (Toleranz) gegenüber Menschen, anderen Wesen und auch Tatsachen. Der Geheimschüler unterdrückt alle überflüssige Kritik gegenüber dem Unvollkommenen, Bösen und Schlechten, und sucht vielmehr alles zu begreifen, was an ihn herantritt. Wie die Sonne ihr Licht nicht dem Schlechten und Bösen entzieht, so er nicht seine verständnisvolle Anteilnahme. Begegnet dem Geheimschüler irgendein Ungemach, so ergeht er sich nicht in abfälligen Urteilen, sondern er nimmt das Notwendige hin und sucht, soweit seine Kraft reicht, die Sache zum Guten zu wenden. Andere Meinungen betrachtet er nicht nur von seinem Standpunkte aus, sondern er sucht sich in die Lage des anderen zu versetzen.» (GA 10, S. 128.) – «Eine ganz besonders wichtige Eigenschaft ist der ‹Sinn für Bejahung›. Es kann ihn derjenige bei sich entwickeln, welcher das Augenmerk in allen Dingen auf die guten, schönen und zweckvollen Eigenheiten richtet und nicht in erster Linie auf das Tadelnswerte, Häßliche und Widerspruchsvolle.» (GA 12, S. 32.). – «Für das Denken und Fühlen ist ein weiteres Bildungsmittel die Erwerbung der Eigenschaft, welche man Positivität nennen kann … Das Irrtümliche, Schlechte, Häßliche soll die Seele nicht abhalten, das Wahre, Gute und Schöne überall zu finden, wo es vorhanden ist. Nicht verwechseln soll man diese Positivität mit Kritiklosigkeit, mit dem willkürlichen Verschließen der Augen gegenüber dem Schlechten, Falschen und Minderwertigen.» (GA 13, S. 334f.) – «Im vierten Monat soll man als neue Übung die sogenannte Positivität aufnehmen. Sie besteht darin, allen Erfahrungen, Wesenheiten und Dingen gegenüber stets das in ihnen vorhandene Gute, Vortreffliche, Schöne usw. aufzusuchen … (Der Geistesschüler) wird alsbald bemerken, daß unter der Hülle eines Häßlichen ein verborgenes Schönes, daß selbst unter der Hülle eines Verbrechers ein verborgenes Gutes, daß unter der Hülle eines Wahnsinnigen die göttliche Seele irgendwie verborgen ist. Diese Übung hängt in etwas zusammen mit dem, was man die Enthaltung von Kritik nennt. Man darf diese Sache nicht so auffassen, als ob man schwarz weiß und weiß schwarz nennen sollte. Es gibt aber einen Unterschied zwischen einer Beurteilung, die von der eigenen Persönlichkeit bloß ausgeht und Sympathie und Antipathie nach dieser eigenen Persönlichkeit beurteilt. Und es gibt einen Standpunkt, der sich liebevoll in die fremde Erscheinung oder das fremde Wesen versetzt und sich überall fragt: Wie kommt dieses Andere dazu, so zu sein oder so zu tun? Ein solcher Standpunkt kommt ganz von selbst dazu, sich mehr zu bestreben, dem Unvollkommenen zu helfen, als es bloß zu tadeln und zu kritisieren. Der Einwand, daß die Lebensverhältnisse von vielen Menschen verlangen, daß sie tadeln und richten, kann hier nicht gemacht werden. Denn dann sind diese Lebensverhältnisse eben solche, daß der Betreffende eine richtige okkulte Schulung nicht durchmachen kann. Es sind eben viele Lebensverhältnisse vorhanden, die eine solche okkulte Schulung in ausgiebigem Maße nicht möglich machen. Da sollte eben der Mensch nicht ungeduldig verlangen, trotz alledem Fortschritte zu machen, die eben nur unter gewissen Bedingungen gemacht werden können.» (GA 245, S. 18f.; neu: GA 267, S. 58f.)

Die Übung: In allem, was einem begegnet, die positive Seite herausfinden.

Was zu tun ist:

- Wenn der Übende einem Ding, einer Situation, einem Gedanken oder einem Wesen begegnet, das ihm als negativ, unangenehm, widerwärtig, abstoßend und so weiter erscheint, dann soll er versuchen, die positiven Aspekte zu erkennen.
- Von den Wahrnehmungen des Tages soll er sich für einige entscheiden und an Ort und Stelle, unmittelbar während der Beobachtung, wenigstens *einen* positiven Aspekt darin finden, sich wenigstens *einen* positiven Gedanken dazu machen. Der Weise sagt: «Niemand hat immer ganz Recht und niemand immer ganz Unrecht.» Es wird also möglich sein, in *jeder* Situation etwas Positives zu entdecken.
- Das Positive soll in dem wahrgenommenen Objekt selbst gesucht werden.
- Wenn man das Positive wahrgenommen und sich voll bewußt gemacht hat, soll man in sich die dazugehörigen Gefühle erzeugen.

- Man beschränke sich konsequent auf den positiven Aspekt.
- Man werde auf die konstitutionelle Tendenz des Gefühlslebens aufmerksam, die negativen Aspekte viel leichter und schneller wahrzunehmen als die positiven – als ob das Negative die Kraft hätte, das Positive zu übertönen und zu verdecken.

Was man vermeiden soll:

- sich in willkürlicher, übertriebener, subjektiver Weise «positive» Vorstellungen zu bilden, statt in dem Objekt selbst das Positive zu suchen;
- willkürlich sympathische Gefühle zu erzeugen, die sich nicht auf konkrete, klare Beobachtungen stützen können;
- das Positive erst zu einem späteren Zeitpunkt zu bedenken statt an Ort und Stelle während der unmittelbaren Beobachtung;
- diese ausschließliche Einstellung auf das Positive einseitig als allgemeine Lebenshaltung zu entwickeln, so daß das gesunde Urteilsvermögen verloren geht.

Was wichtig ist:

- sich daran zu erinnern, daß diese Übung nur während des Übens selbst einen Wert hat;
- das Urteilsvermögen nicht zu verlieren;
- sich ein Bewußtsein darüber zu verschaffen, daß die Seele aus sich heraus viel stärker zur Negativität neigt, und diese Tendenz zu kontrollieren.

Das «Urbeispiel»:

Die folgende persische Legende über den Christus Jesus, so wie sie von Rudolf Steiner mehrfach erzählt wird, weist nicht nur auf die Essenz dieser Übung, sondern auch auf die Quelle hin, aus der die Kraft der Positivität kommt. Wiedergegeben sind die Fassungen aus *Die Stufen der höheren Erkenntnis* und aus den *Anweisungen für eine esoterische Schulung* (neu in *Seelenübungen*, I), wo diese Worte unmittelbar an den oben zitierten Wortlaut anschließen:

«Es gibt eine schöne, in der persischen Dichtung vorhandene Legende von Christus, die zur Anschauung bringt, was mit dieser Eigenschaft gemeint ist: Ein toter Hund liegt an einem Wege. Unter den an ihm Vorübergehenden ist auch Christus. Alle anderen wenden sich ab von dem häßlichen Anblick, den das Tier bietet; nur Christus spricht bewundernd von den schönen Zähnen des Tieres. So kann man den Dingen gegenüber empfinden; in allem, auch dem Widrigsten, mag sich für den, welcher ernstlich sucht, etwas Anerkennenswertes finden. Und das Fruchtbare an den Dingen ist ja nicht, was ihnen fehlt, sondern dasjenige, was sie haben.» (GA 12, S. 32f.) – «Am besten wird diese Eigenschaft der Seele charakterisiert durch eine persische Legende über den Christus Jesus. Als dieser mit seinen Jüngern einmal einen Weg machte, sahen sie am Wegrande einen schon sehr in Verwesung übergegangenen Hund liegen. Alle Jünger wandten sich von dem häßlichen Anblick ab, nur der Christus Jesus blieb stehen, betrachtete sinnig das Tier und sagte: Welch wunderschöne Zähne hat das Tier! Wo die andern nur das Häßliche, Unsympathische gesehen hatten, suchte er das Schöne. So muß der esoterische Schüler trachten, in einer jeglichen Erscheinung und in einem jeglichen Wesen das Positive zu suchen.» (GA 245, S. 18; neu: GA 267, S. 58.)

Ebenen der Aufmerksamkeit:

Die Fülle der Dinge und Wesen, an denen sich diese Übung zu entfalten vermag, kann wiederum mit Hilfe der bereits bekannten drei Ebenen gegliedert werden:

- *Physische Ebene:* die physischen Gegenstände aller Art, zum Beispiel Gesteine, künstliche Objekte, aber auch die lebendigen Körper von Pflanzen, Tieren und Menschen.
- *Ätherische Ebene:* für diese Übung geeignete Erscheinungen einerseits aus dem Naturgeschehen wie zum Beispiel Gewitter und Unwetter, Erdbeben, Überschwemmungen, andererseits aus dem sozialen Leben – obwohl hier die größte Behutsamkeit angebracht ist. Was in einer Ehescheidung, einer Krankheit, ja selbst einem Verbrechen an Positivem liegen kann, ist meist erst aus dem Abstand zu erkennen, so daß es oft besser ist, das Urteil in diesen Dingen gleichsam offen zu halten.
- *Astralische Ebene:* Ansichten und Meinungen, Weltanschauungen, Ideen und so weiter, alles Dinge, die schnell abfällig beurteilt werden, wenn sie den eigenen Vorstellungen zuwiderlaufen.

Eine andere Möglichkeit, systematisch zu ordnen, wäre nach dem Aspekt des Guten, Schönen und Wahren.

Praktische Hinweise: Auch hier kann es sehr hilfreich sein, schriftlich die Erscheinungen festzuhalten, von denen man weiß, daß sie Antipathie in einem erregen. Diese Liste kann durch zusätzliche Beobachtungen erweitert werden. Man wird erstaunt sein darüber, wie viele Erscheinungen, Behauptungen, Situationen es gibt, von denen man erst jetzt bemerkt, daß sie negative Reaktionen in einem auslösen.

Ätherstrom: Ein Gefühl von Seligkeit und großer Freude, ja wie von Größerwerden, zuerst im Herzen sich konzentrierend, dann aus dem Herzen zunächst – und hauptsächlich – durch die Augen und dann durch die Ohren und durch die ganze Haut in die Umgebung ausstrahlend. Man wird sich selbst als ausgedehnter Ätherleib erleben. – Liebe als Gefühlskraft.

Haltung: Die vierte Haltung von «Ich denke die Rede». – Zentrum und Umkreis. Ich in Geist.

Wirkung: Die vierte Übung trägt dazu bei, die Gegenkraft Luzifers zu überwinden. Sie befreit den Astralleib von Luzifers Ur-Negativität (Ur-Lüge, Ur-Illusion), vervollständigt das Denk- und Fühlvermögen und stärkt die Seele in ihrem Bemühen um eine souveräne Haltung. Die Gefühle werden aus dem verengenden, beschränkenden Entweder/Oder von Sympathie und Antipathie erlöst.

*

Das verlangt nach einer Erklärung. Diese soll auch für die entsprechenden Abschnitte bei den nächsten Übungen gelten.

Drei übersinnliche, geistige Kräfte oder Wesenheiten, in der Anthroposophie *Luzifer, Ahriman* und *Asuras* (Singular: Asura) genannt, wirken ein auf die Entwicklung des Menschen in seinen Wesensgliedern: Luzifer wirkt auf den Astralleib, Ahriman auf den Ätherleib und die Asuras wirken auf den physischen Leib. Im Gegensatz zu den seit langem offenbaren Wirkungen von Luzifer und Ahriman werden die der Asuras erst seit ungefähr dem Beginn dieses Jahrhunderts wahrnehmbar. Das «Wesen des Bösen», das zunächst durch Luzifer, dann durch Ahriman in Erscheinung trat, beginnt nun durch die Asuras seine stärkste Wirkung und Offenbarung zu entfalten.

Gewöhnlich werden die einzelnen Wesenheiten des Bösen

undifferenziert als Teufel, Satan, Übel, Widersacher betrachtet, während die Anthroposophie deutlich zwischen den drei genannten Kräften unterscheidet. Diese Wesenheiten haben die Aufgabe bekommen, dem Menschen auf seinem Weg Widerstand zu leisten, damit er sich überhaupt entwickeln kann. Daher *muß* man heute, auch wenn dies die größte Anstrengung verlangt, die charakteristischen Wirkungen der Asuras von denen der luziferischen und insbesondere der ahrimanischen Wesenheiten sorgfältig unterscheiden; erst dadurch setzt man sich in den Stand, überhaupt auf die Existenz der Asuras aufmerksam zu werden und ihnen mutig «ins Auge zu schauen». Tut man das nicht, werden die Asuras jetzt und in der Zukunft hinter dem Schild der ahrimanischen Wesenheiten unerkannt bleiben und dadurch ihre Wirksamkeit immer mehr intensivieren können, mit der tragischen Konsequenz, daß der Mensch seine richtige Entwicklung nicht mehr weiterführen kann. In einigen symptomatischen neuen Phänomenen der jüngsten Zeit können Wirkungen der Asuras gesehen werden, sie seien hier nur genannt, um die Aufmerksamkeit darauf zu lenken: die «homeless people» (die Bezeichnung «Obdachlose» gibt den Sinn nicht genau wieder), sinnlose Mordtaten (Amokläufer) und Vergewaltigungen, perverse Sexualität, Lebens- und Sinnleere, Terrorismus um des Terrors willen, chaotische Verhältnisse besonders in Wirtschaft und Politik, Autoimmun- beziehungsweise Autoaggressionskrankheiten (Aids, Immunschwäche) und so weiter.

Der menschliche Körper ist der physische Ausdruck des denkenden Ich-Wesens und das Denken auf der physischen Ebene die Grundlage des Menschenwesens. Die Asuras greifen eben dieses Denken an. Indem der Mensch durch die Sinnesorgane seines physischen Leibes seine Denktätigkeit an die Sinnenwelt ankettet, entstehen die niedrigen, leidenschaftlichen, selbstsüchtigen Gedanken. «Wenn der Mensch selbstsüchtige Gedanken schafft, so ist das für diese Wesenheiten sehr willkommen.

Sie sind eigentlich in anderer Beziehung vorgeschrittener als die Menschen, aber sie haben in dieser Beziehung die Begierde, sich in den Astralformen zu verkörpern, die wir selbst schaffen. Es sind die sogenannten Asuras. Wir liefern durch niedrige Gedankenformen diesen asurischen Wesen Nahrung.» (GA 93a, S. 148.) Unser heutiges gewöhnliches, logisches Denken trägt, als ein altes Denken, in sich die Tendenz, immer starrere und totere Gedankenformen hervorzubringen; dem muß heute ein höheres, neues, lebendiges Denken gegenübergestellt werden, damit die Asuras «hungern» und so in der Zukunft vom Menschen beherrscht werden können. (Siehe dazu den vierten Teil «Das neue Denken mit dem Herzen».)

Durch die Positivitätsübung wird der dem Astralleib von Luzifer eingewobenen Ur-Negativität und ihren Auswirkungen auf das Leben ein Gegengewicht geschaffen.

Ganz im Sinne der Positivitätsübung wird man jedoch auch in diesen Wesenheiten und ihrem Wirken eine positive, weil notwendige Seite erkennen. Sie sind diejenigen geistigen Wesen, welche dem Menschen den notwendigen Widerstand geben, damit er selbst seine Kräfte und Fähigkeiten und seine Eigenart entwickeln kann, um dadurch sowohl sein individuelles Schicksal als auch das Schicksal der Menschheit zu erfüllen. Dafür ist das Leben des Menschen selbst eine Herausforderung, ein «Training»; und Luzifer, Ahriman und die Asuras sind eigentlich seine «Trainer», Ausbilder auf dem Lebensweg. So können sie, hinter der Maske ihrer negativen Wirkungen, für den Menschen hilfreichste Helfer sein.

Das Verhältnis der vierten zur dritten Übung: Die vierte Übung wurde auch als die Übung «für das Denken und Fühlen» bezeichnet. Durch sie verbindet sich im von der Erbsünde beschädigten Astralleib (Wahrnehmungsleib, Gefühlsleib) das durch die erste Übung verstärkte Denken mit dem Fühlen. Dadurch wird das Gefühlsleben gereinigt und verwandelt.

So wie die menschlichen Gefühle, das gesamte Gefühlsleben überhaupt, heute beschaffen sind, sind sie durch die Wirkung Luzifers auf den Astralleib entstanden. Der Astralleib wurde durch die «Versuchung» Luzifers an die Sinnenwelt gebunden, und der Mensch ist in seinem Gefühlsleben von dieser Welt abhängig. Dies ist der Astralleib-Aspekt der Erbsünde.

Die dritte Übung zeigt den inneren Aspekt der luziferischen Versuchung, die vierte den äußeren Aspekt, so daß zwischen beiden eine Polarität entsteht: In der dritten Übung ist die Wahrnehmung unmittelbar auf das eigene Wesen gerichtet, während sie sich in der vierten Übung der Welt zuwendet.

Geistige Leiter: Die Geister des Willens (Throne). Sie reinigen den Astralleib von der Erbsünde.

Die drei «Trainer» Luzifer, Ahriman und die Asuras sorgen hauptsächlich für den Widerstand, den der Mensch braucht für die Entwicklung und die Umwandlung seiner drei Leiber (physischer, ätherischer und astralischer Leib). Ihnen stehen drei viel mächtigere geistige Wesenheiten gegenüber. Sie sind Berater und Helfer des Menschen und sorgen dafür, daß sich Luzifer, Ahriman und die Asuras innerhalb der Grenzen ihrer Aufgabe halten. Diese mächtigen Wesenheiten (Hierarchien) gehören den höchsten Wesensebenen des Universums an. Sie schützen die drei Leiber des Menschen:

- die Geister des Willens (Throne) den Astralleib,
- die Geister der Harmonie (Cherubim) den Ätherleib,
- die Geister der Liebe (Seraphim) den physischen Leib.

Indem der Mensch durch die vierte Übung an der Umwandlung des geschädigten Astralleibes arbeitet, wirken in ihm zugleich die Throne als Verwalter der Willenskraft. Luzifer wurde von den Geistern des Willens erlaubt, dem Astralleib einen «schlechten Willen» einzupflanzen. Dies verursachte einerseits die Verdunkelung der geistigen Welt für die Wahrnehmungskraft des Menschen und andererseits ein *Unwahrnehmen* des Guten, Schönen und Wahren in der Sinnenwelt, eine Ur-Negativität im Astralleib. Die vierte Übung trägt nun dazu bei, daß der Astralleib allmählich von diesem schlechten Willen befreit, gereinigt wird und statt dessen der «gute Wille» hineinziehen kann. Das ist die Voraussetzung für die Umwandlung des Astralleibes in das *Geistselbst*.

DIE FÜNFTE ÜBUNG: ERFÜLLUNG DES DENKENS IM WOLLEN

Verschone mich mit deinem Märchenplunder!
Der Turm von Pisa sei seit gestern – grade?
In meinem Weltbild ist kein Raum für Wunder.

Fürwahr, so ist es um dein Weltbild schade.
Du sollst gewiß nicht Aberglauben nähren,
doch ebenso gewißlich sonder Gnade

der – Glaubens-Ohnmacht in dir – Krieg erklären.

Christian Morgenstern

Bezeichnungen: Unbefangenheit, Denken in Verbindung mit dem Willen, Vorurteilslosigkeit, fortwährendes Offensein, Freiheit von Urteilen, Glaube. (Die Bezeichnung «Glaube» ist im Verhältnis zu der für die vierte Übung verwendeten Bezeichnung «Unbefangenheit» zu verstehen.)

Wortlaute Rudolf Steiners: «Das fünfte ist die Unbefangenheit gegenüber den Erscheinungen des Lebens. Man spricht in dieser Beziehung auch von dem ‹Glauben› oder ‹Vertrauen›. Der Geheimschüler tritt jedem Menschen, jedem Wesen mit diesem Vertrauen entgegen. Und er erfüllt sich bei seinen Handlungen mit solchem Vertrauen. Er sagt sich nie, wenn ihm etwas mitgeteilt wird: das glaube ich nicht, weil es meiner bisherigen Meinung widerspricht. Er ist vielmehr in jedem Augenblicke bereit, seine Meinung und Ansicht an einer neuen zu prüfen und zu berichtigen. Er bleibt immer empfänglich für alles, was an ihn herantritt. Und er vertraut auf die Wirksamkeit dessen, was er unternimmt. Zaghaftigkeit und Zweifelsucht verbannt er aus seinem Wesen. Hat er eine Absicht, so hat er auch den Glauben an die Kraft dieser Absicht. Hundert Mißerfolge können ihm diesen Glauben nicht nehmen. Es ist dies jener ‹Glaube, der Berge zu versetzen vermag›.» (GA 10, S. 129.) – «Weiter ist bedeutsam, die Eigenschaft der ‹Unbefangenheit› zu entwickeln. Ein jeder Mensch hat ja seine Erfahrungen gemacht und sich dadurch eine bestimmte Menge von Meinungen gebildet, die ihm dann im Leben zur Richtschnur werden. So selbstverständlich es auf der einen Seite ist, sich nach seinen Erfahrungen zu richten, so wichtig ist es für den, welcher eine geistige Entwikkelung zur höheren Erkenntnis durchmachen will, daß er sich stets den Blick frei erhält für alles Neue, ihm noch Unbekannte, das ihm entgegentritt. Er wird so vorsichtig wie irgend möglich sein mit dem Urteil: ‹das ist unmöglich›, ‹das kann ja gar nicht sein›. Mag ihm seine Meinung nach den bisherigen Erfahrungen was immer sagen: er ist in jedem Augenblick bereit, sich von etwas Neuem, das ihm entgegenkommt, zu einer anderen Meinung bringen zu lassen. Jede Eigenliebe der Meinung gegenüber muß schwinden.» (GA 12, S. 33.) – «Das Denken in Verbindung mit dem Willen erfährt eine gewisse Reifung, wenn man versucht, sich niemals durch etwas, was man erlebt oder erfahren hat, die unbefangene Empfänglichkeit für neue Erlebnisse rauben zu lassen. Für den Geistesschüler soll der Gedanke seine Bedeutung ganz verlieren: ‹Das habe ich noch nie gehört, das glaube ich nicht.› Er soll während einer gewissen Zeit geradezu überall darauf ausgehen, sich bei jeder Gelegenheit von einem jeglichen Dinge und Wesen Neues sagen zu lassen. Von jedem Luftzug, von jedem Baumblatt, von jeglichem Lallen eines Kindes kann man lernen, wenn man bereit ist, einen Gesichtspunkt in Anwendung zu bringen, den man bisher nicht in Anwendung gebracht hat. Es wird allerdings leicht möglich sein, in bezug auf eine solche Fähigkeit zu weit zu gehen. Man soll ja nicht etwa in einem gewissen Lebensalter die Erfahrungen, die man über die Dinge gemacht hat, außer acht lassen. Man soll, was man in der Gegenwart erlebt, nach den Erfahrungen der Vergangenheit beurteilen. Das kommt auf die eine Waagschale; auf die andere aber muß für den Geistesschüler die Geneigtheit kommen, immer Neues zu erfahren. Und vor allem der Glaube an die Möglichkeit, daß neue Erlebnisse den alten widersprechen können.» (GA 13, S. 335.) – «Im fünften Monat versuche man dann in sich das Gefühl auszubilden, völlig unbefangen einer jeden neuen Erfahrung gegenüberzutreten. Was uns entgegentritt, wenn die Menschen gegenüber einem eben Gehörten und Gesehenen sagen: ‹Das habe ich noch nie gehört, das habe ich noch nie gesehen, das glaube ich nicht, das ist eine Täuschung›, mit dieser Gesinnung muß der esoterische Schüler vollständig brechen. Er muß bereit sein, jeden Augenblick eine völlig neue Erfahrung entgegenzunehmen. Was er bisher als gesetzmäßig erkannt hat, was ihm als möglich erschienen ist, darf keine Fessel sein für die Aufnahme einer neuen Wahrheit. Es ist zwar radikal ausgesprochen, aber durchaus richtig, daß wenn jemand zu dem esoterischen Schüler kommt und ihm sagt: ‹Du, der Kirchturm der X-Kirche steht seit dieser Nacht völlig schief›, so soll der Esoteriker sich eine Hintertür offen lassen für den möglichen Glauben, daß seine bisherige Kenntnis der Naturgesetze doch noch eine Erweiterung erfahren könne durch eine solche scheinbar unerhörte Tatsache.» (GA 245, S. 20; neu: GA 267, S. 60.)

Die Übung: Das unmöglich Scheinende für möglich halten!

Was zu tun ist:

- Jedesmal, wenn man in die Lage kommt, ein Ding, eine Sache, eine Behauptung, eine Situation für unglaublich oder unmöglich zu halten, an Ort und Stelle unmittelbar seine Seele dafür öffnen und das unmöglich Scheinende für möglich halten.

- Jeweils nach der Lage des Falles innerlich oder äußerlich die folgende oder eine ähnliche Formel sagen: Ja, das kann unter Umständen möglich sein. Man kann auch hinzufügen: Denn ich habe noch nicht alles, was es gibt, erlebt.
- Sich für die Momente im Leben, in denen diese Übung geübt werden kann, wach machen.
- Auf die angeborene konstitutionelle Tendenz aufmerksam werden, meistens nur das schon Erlebte, das schon Vertraute und Gewohnte für wahr und wirklich zu halten.
- Die Seele für neue Möglichkeiten öffnen. Alles, was einem begegnet, aufnehmen.

Was man vermeiden soll:

- einen späteren Zeitpunkt abzuwarten, um Stellung zu nehmen;
- nur pro forma, ohne innere Überzeugung zuzugeben, daß man in Wirklichkeit wie alle Menschen nicht alles kennen kann, was es gibt;
- eine unbekannte Sache ohne nachzudenken zu akzeptieren;
- leichtgläubig zu werden.

Was wichtig ist:

- sich eine klare Vorstellung von der Unvollkommenheit und Unvollständigkeit der eigenen Erfahrung zu machen;
- nicht bloß Glauben, sondern Offenheit zu üben;
- die sachlichen Umstände so klar wie möglich zu verstehen, die innere Haltung so streng wie möglich zu begründen und durchzudenken;
- vorurteilsfrei, unbefangen zu werden.

Ebenen der Aufmerksamkeit: Man kann die Erfahrungen und Lebenserscheinungen, die dieser Übung entsprechen, wiederum den verschiedenen Ebenen zuordnen. Das folgende Beispiel von Rudolf Steiner liegt auf der physischen Ebene:

«Es ist zwar radikal ausgesprochen, aber durchaus richtig, daß wenn jemand zu dem esoterischen Schüler kommt und ihm sagt: ‹Du, der Kirchturm der X-Kirche steht seit dieser Nacht völlig schief›, so soll der Esoteriker sich eine Hintertür offen lassen für den möglichen Glauben, daß seine bisherige Kenntnis der Naturgesetze doch noch eine Erweiterung erfahren könne durch eine solche scheinbar unerhörte Tatsache.» (GA 245, S. 20; neu: GA 267, S. 60.)

- *Physische Ebene:* Berichte, aber auch eigene Erfahrungen von ungewöhnlichen, «unmöglichen» Erscheinungen, zum Beispiel das Ungeheuer von Loch Ness, UFOs (fliegende Untertassen), außerirdische Wesen (ET: extra terrestrials), sofortige Verbrennung (instantaneous combustion) und so weiter. Viele solcher Berichte findet man üblicherweise in illustrierten Sensationsblättern.
- *Ätherebene:* Über das Wasser laufen, Levitation (freies Schweben), sofortige Entmaterialisierung, Auferstehung und so weiter.
- *Astralebene:* Hellsehen, Nah-Todeserfahrungen, Channeling, New-Age-Vorstellungen, Geistwesen (Geistführer bei Channeling oder bei Geistheilung) und so weiter.

Praktische Hinweise: Wenn man wie bei der vierten Übung eine Liste anlegt, wird man sich wahrscheinlich auch hier der Fülle von Tatsachen, die man bisher abgelehnt hat, allmählich bewußter.

Ätherstrom: Ein feines Gefühl, wie fein vibrierende, zitternde Luft, die aus dem Umkreis durch die Augen, die Ohren, die ganze Haut in den Körper einströmt, einstrahlt; man saugt sie in sich hinein. Man fühlt, daß man außerhalb seiner leiblichen Sinnesorgane wahrnehmen kann. – Liebe als Tätigkeit.

Haltung: Die fünfte Haltung von «Ich denke die Rede». – Vom Umkreis zum Zentrum. Geist in mir.

Wirkung: Die fünfte Übung trägt bei zur Überwindung Ahrimans. Sie erlöst den Ätherleib aus der Abhängigkeit von den Sinneseindrücken, von dem Eingespanntsein in den vorwärtsreißenden Zeitlauf. Der Schleier der materialistischen Illusion Ahrimans wird durchstoßen. Man befreit sich aus der Abhängigkeit von der Vergangenheit als dem einzigen bestimmenden Faktor des Lebens.

Ahriman wirkt im Bereich des Ätherischen, des Lebendigen, der Außenwelt (Luzifer ist dagegen in der Innenwelt, in der Seele tätig). Er ist der Träger der Todeskraft und des Vergehens und der Verwalter der chronologischen Zeit, des «Chronos» (Luzifer herrscht dagegen im Bewußtsein des Astralleibes). Sein Wirken erfaßt auch den menschlichen Willen im Bereich der Lebenskräfte und im menschlichen Organismus. Hier wirkt er auch auf die Physiologie der Wahrnehmungsorgane, deren Fähigkeiten er begrenzt und verhärtet, so daß sie nicht hinter die sinnlichen Erscheinungen dringen können; die Folge davon ist, daß der Mensch normalerweise nur das Materielle konkret und unmittelbar wahrnehmen kann. Wenn man aber solche Widerstände überwindet, wenn man zum Beispiel den von Ahriman begrenzten Sehsinn ausschalten kann, *ohne das Sehen selbst auszuschalten,* dann kann ein übersinnliches Sehen, ein Hell-Sehen entstehen. Die Hellsichtigkeit ist tatsächlich ein Willensprozeß, jedoch so, daß der Wille nicht mehr an die Sinnenwelt gekettet, sondern von ihr befreit ist.

Das Verhältnis der fünften Übung zur zweiten: Die fünfte Übung ist auf der Ätherebene wirksam. Auf dieser wird durch den in der zweiten Übung verstärkten Willen die Abhängigkeit vom irdischen Zeitlauf vermindert. Das durch die erste Übung errungene Denken verbindet sich nun in der fünften Übung mit dem durch die zweite Übung verstärkten Willen. Dadurch wird der «schlechte Wille», der den Menschen ins Dasein hineinsenkte und ihn dazu verurteilte, nicht *in* der Geistwelt, sondern «draußen» zu sein (Da-Sein), allmählich zum «guten Willen» verwandelt. Das Leben der geistigen Welt spiegelt sich im Menschenleben wieder.

Geistige Leiter: Die Geister der Harmonie (Cherubim). Sie zerreißen im Ätherleib die Zeitillusion.

Die Cherubim sind die Verwalter des Lebens des Universums, des harmonischen Zusammenklingens aller Teile und Prozesse der Welt. Sie führen auch die Aufsicht über die Tätigkeit Ahrimans im Ätherleib des Menschen. Das, was den Menschen aus der Weltharmonie, aus der Ewigkeit abzieht, ist die chronologische Zeit, der «Chronos». Wenn sich der Mensch über den Chronos erheben und sich in den «Kairos» hineinleben kann, dann wird er seinen Lebenslauf immer mehr in der *richtigen Zeit* führen und sich mit der Ewigkeit wieder vereinigen.

Durch die fünfte Übung öffnet sich der Mensch der geistigen Welt, er durchstößt den von Ahriman gewobenen Zeitvorhang. Zu dem durch die vierte Übung errungenen Bewußtsein des Wahren tritt nun das Erlebnis des Schönen hinzu.

DIE SECHSTE ÜBUNG: ERFÜLLUNG DES DENKENS IM DENKEN

Geschöpf nicht mehr, Gebieter der Gedanken,
des Willens Herr, nicht mehr in Willens Frone,
der flutenden Empfindung Maß und Meister,

zu tief, um an Verneinung zu erkranken,
zu frei, als daß Verstocktheit in ihm wohne:
So bindet sich ein Mensch ans Reich der Geister:

So findet er den Pfad zum Thron der Throne.

Christian Morgenstern

Diese Übung ist am schwierigsten zu begreifen und durchzuführen, denn es geht eigentlich darum, ein inneres reines Denkobjekt zunächst selbst zu schaffen und dann zu beobachten und durchzudenken.

Bezeichnungen: Harmonie, Seelenharmonie, Standhaftigkeit, Ausdauer, Gleichgewicht der Seele, inneres Gleichgewicht, inneres Gleichgewicht und innere Harmonie, Harmonie der geistigen Kräfte, Harmonisierung der fünf Eigenschaften, Verbindung der fünf Übungen, Einklang im Intellektuellen, Gefühlsmäßigen und Moralischen, harmonischer Zusammenklang.

Das hier so betonte «Gleichgewicht» wurde schon als Bezeichnung für die dritte Übung gebraucht. Merkwürdig, daß es gerade für diese sechste Übung so viele verschiedene Bezeichnungen gibt, denn von allen Übungen ist gerade diese hinsichtlich ihrer Ausführung am wenigsten erklärt.

Wortlaute Rudolf Steiners: «Das dritte (sic!) ist die Erziehung zur Ausdauer. Der Geheimschüler läßt sich nicht durch diese oder jene Einflüsse von einem Ziel abbringen, das er sich gesteckt hat, solange er dieses Ziel als ein richtiges ansehen kann. Hindernisse sind für ihn eine Aufforderung, sie zu überwinden, aber keine Abhaltungsgründe.» (GA 10, S. 128.) – «Wenn die bisher genannten fünf Eigenschaften von der Seele erworben sind, dann stellt sich eine sechste ganz von selbst ein: das innere Gleichgewicht, die Harmonie der geistigen Kräfte. Der Mensch muß etwas in sich finden wie einen geistigen Schwerpunkt, der ihm Festigkeit und Sicherheit gibt gegenüber allem, was im Leben da- oder dorthin zieht. Man muß nicht etwa vermeiden, mit allem mitzuleben, alles auf sich wirken zu lassen. Nicht die Flucht vor den hin- und widerziehenden Tatsachen des Lebens ist das Richtige, sondern im Gegenteil: das volle Hingeben an das Leben und trotzdem die sichere, feste Bewahrung von innerem Gleichgewicht und Harmonie.» (GA 12, S. 33.) – «Damit sind fünf Eigenschaften der Seele genannt, welche sich in regelrechter Schulung der Geistesschüler anzueignen hat: die Herrschaft über die Gedankenführung, die Herrschaft über die Willensimpulse, die Gelassenheit gegenüber Lust und Leid, die Positivität im Beurteilen der Welt, die Unbefangenheit in der Auffassung des Lebens. Wer gewisse Zeiten aufeinanderfolgend dazu verwendet hat, um sich in Erwerbung dieser Eigenschaften zu üben, der wird dann noch nötig haben, in der Seele diese Eigenschaften zum harmonischen Zusammenstimmen zu bringen. Er wird sie gewissermaßen je zwei und zwei, drei und eine und so weiter gleichzeitig üben müssen, um Harmonie zu bewirken.» (GA 13, S. 336.) – «Im sechsten Monat soll man dann versuchen, systematisch in einer regelmäßigen Abwechslung alle fünf Übungen immer wieder und wieder vorzunehmen. Es bildet sich dadurch allmählich ein schönes Gleichgewicht der Seele heraus.» (GA 245, S. 20; neu: GA 267, S. 60f.)

Die Übung: Man denke über das Wesen aller sechs Übungen gründlich nach; durch das gleichzeitige Üben der vorigen fünf Übungen wird die sechste zum Dasein gebracht.

Was zu tun ist:

- Man wähle sich zum täglichen Üben jeweils Gruppen von Übungen aus, zum Beispiel:
  - Zweiergruppen: 1 und 2; 1 und 3 usw., 2 und 3 usw.; 3 und 4 …
  - Dreiergruppen: 1 und 2 und 3; 1 und 2 und 4 …
  - Vierergruppen: 1 und 2 und 3 und 4 …
- Man erkenne und vergleiche miteinander ähnliche und verschiedene Eigenschaften des Geübten.
- Man versuche die Dynamik jeder Übung klar zu erfassen.
- Man wende die Struktur des siebengliedrigen Menschen als Grundlage des Übens an, erkenne die Beziehung jeder Übung zu jeweils einem Glied des siebengliedrigen Menschen und übe gezielt auf der entsprechenden Ebene.
- Man bringe die Verhältnisse zwischen den drei Seelenkräften Denken, Fühlen und Wollen in Beziehung zu den drei Gegenkräften Luzifer, Ahriman und Asuras und zu den drei Leibesgliedern physischer Leib, Ätherleib und Astralleib.
- Man verteile die ausgewählten Übungen über den ganzen Tag. Man versuche sich vorzustellen,
  - daß allein die eigene Ichtätigkeit Ursache der Übungen ist und sie vollziehen kann;
  - wie dieses Üben sich entfaltet;
  - warum durch das Üben die leibliche Grundlage des Menschenwesens verwandelt wird;
  - daß mit Hilfe aller sechs Übungen das Ich seine Hüllen durcharbeitet.

Was man vermeiden soll:

- Bloß die anderen Übungen für sich zu üben, denn dann hat man die eigentliche Übung überhaupt nicht geübt.
- Willkürliche, intellektuelle, subjektive Verhältnisse auszusuchen, die sich gar nicht aus dem Erlebnis des Übens ergeben.

Eine typische Ausführung:

Im Laufe jedes Übungstages wähle man zunächst einige von den anderen (fünf) Übungen aus und übe sie zusammen, und zwar in allen möglichen Kombinationen, zwei, drei, vier oder auch alle fünf zusammen.

Am Ende des Tages, aber auch während des Übungsablaufs selbst, betrachte man die Eigenschaften jeder Übung und vergleiche sie mit den Eigenschaften der anderen, um die organischen Verhältnisse und Beziehungen herauszufinden.

Zuletzt versuche man, die einzelnen Übungen in den Gesamtorganismus der Übungen einzugliedern und dieses Ganze wahrzunehmen, zu betrachten und durchzudenken.

Das Ergebnis dieses Zusammenschauens ist, daß diese Sechs Übungen nicht willkürlich zusammengestellt sind, sondern daß jede Übung ein Glied eines einheitlichen Organismus ist. Erst wenn man diesen Organismus begriffen hat, können sich Grund und Sinn, also auch die Wirkung dieser Übungen offenbaren.

Das Wesen dieses Übungsorganismus kann in der folgenden schematischen Form dargestellt werden:

(Ich-Ebene)	(das tätige Ich)
Astralebene	3. Übung ⟷ 4. Übung
Ätherebene	2. Übung ⟷ 5. Übung
Physische Ebene	1. Übung ⟷ 6. Übung

Was wichtig ist:

- Den Gesamtorganismus der Übung als geistige Realität, als geistigen Gegenstand zu erfassen und wahrzunehmen;
- die Eigenschaften und die Struktur dieser Übung in sich selbst zu erleben;
- zu begreifen, daß es im Grunde genommen um ein Paradox – denken über das Denken selbst – geht, das aber auf einer höheren Ebene der Erfahrung konkret ist;
- zu begreifen, daß durch das Umgehen mit dieser Übung das gewöhnliche Denken, Fühlen und Wollen auf eine höhere Ebene gehoben werden.

Ebenen der Aufmerksamkeit: Wenn die anderen fünf Übungen zusammen geübt werden, dann werden sich auch die Verhältnisse zwischen allen Übungen zeigen. Dann werden sich die einzelnen Übungen miteinander vergleichen lassen, und dadurch wird man die wesentliche Eigenschaft jeder einzelnen Übung mit immer größerer Sicherheit und Überzeugung erfahren können. Man wird dann erkennen, daß jeweils zwei Übungen ihr Wesen auf der physischen Ebene, auf der Ätherebene und auf der Astralebene offenbaren und daß sie in einem polaren Verhältnis zueinander stehen: Die eine ist mehr auf den Übenden, die andere mehr auf die Welt bezogen. Wenn man nun alle fünf Übungen im Laufe eines Tages ausführt, dann werden tatsächlich alle sechs im Zusammenklang als eine ausgeführt. Damit wird man auch den Organismus der Sechs Übungen erleben und auf das Wesen des Organismus aufmerksam. (Im Kapitel «Die Herzübung» im 3. Teil dieses Buches wird dieser Aspekt weiterentwickelt.)

Praktische Hinweise: Bei dieser Übung ist es fast unumgänglich, sehr genau, möglichst schriftlich, zu planen, wann im Tageslauf man die eine und die andere Übung ausführen will.

Ätherstrom: Ein Gefühl von tiefer Freude und Befriedigung, als ob man über seine Haut hinauswachse und selbst als ein Strahl-Wesen von der Erde und durch die Erde hindurch in die Geisteswelt hineinstrahle und so die Erde mit der Geisteswelt verbinde. (Diese Formulierung stammt nicht von Rudolf Steiner.) – Liebe als Denkkraft.

Haltung: Die sechste Haltung von «Ich denke die Rede». – Strahl-Mensch. Zentrum und Umkreis. Ich.

Wirkung: Diese Übung trägt bei zur Überwindung der chaotisierenden, auflösenden Wirkung der Asuras, welche sich der Entwicklung des Menschen zur Geistgestalt, zum Geistwerden am stärksten widersetzen. Durch die starke Verbindung des gestärkten Denkens zu sich selbst wird auch die geistige Grundlage des physischen Leibes im Leib selbst verstärkt und die Wirkung der Schwerkraft auf das Denkvermögen des Menschen vermindert. Die Denktätigkeit selbst wird allmählich von der Unbewegtheit des Hirnorgans entlastet und kann sich mit dem lebendigen und Leben spendenden Herzorgan verbinden. –

Die Asuras sind mächtiger als Ahriman und Luzifer. Ahriman kann nur auf den Ätherleib wirken, der den strengen Gesetzen der Materie, beispielsweise der Schwerkraft, nicht unterworfen ist; und Luzifer kann nur auf den noch geistigeren Astralleib wirken, der zum Beispiel der Todesmacht nicht gehorchen muß. Die Wirkung der Asuras erstreckt sich jedoch bis in das Materielle hinein, bis dorthin, wo Stoff und Form entstehen. Die Asuras beteiligen sich an der Verwaltung des physischen Raumes, und zwar als die Herren des Chaos. Sie sind bestrebt, alles, was Gestalt und Form besitzt, ungestaltet und formlos zu machen. Durch ihre Tätigkeit – und das ist der positive Aspekt ihres Wirkens – kann das Dasein zu Nichts werden, so daß Neues entstehen und die Welt sich weiterentwickeln kann. Der Mensch muß sich jedoch stets gegen diese chaotisierenden

Kräfte wenden und sie überwinden. Das geschieht innerhalb seines Körpers dort, wo Stoff ins Chaos geführt und dann neu aufgebaut und gestaltet wird: in den Stoffwechselvorgängen und den sich stets erneuernden Zellen. Der Mensch gestaltet in jedem Augenblick seinen Körper, doch bleibt ihm diese Tätigkeit normalerweise unbewußt. Er kann aber diese gestaltende Tätigkeit willkürlich in sein Bewußtsein heben, indem er Gedanken gestaltet. Im Gestalten von Gedanken, in der «Gedankenführung» stellt er sich gegen seine «Trainer», die immer versuchen, die Gedanken ins Irrlichtelieren zu bringen. Eigentlich geht es hier um *Raumgestaltung* der Gedanken, nicht um deren logische Gestaltung. In diesem Raum bewegen sich die Gedanken, bildlich gesprochen, nach drei Richtungen: in die Höhe auf physischer, ätherischer, astralischer und Ich-Ebene; in die Breite nach links und rechts in Polaritäten; vorwärts und rückwärts in der Steigerung ihrer Kraft. Gegenüber dieser Denkart liegt die logische Denkart immer eindimensional, linear auf der physischen Ebene.

In dieser Übung wird der «gute Wille» im Denken entfaltet, der den von den Chaosherren verursachten «schlechten Willen» überwinden kann.

Das Verhältnis der sechsten Übung zur ersten: In dieser Übung wird das durch die erste Übung verstärkte Denken auf sich selbst gerichtet, um sich mit sich selbst zu verbinden und dadurch selbständig und schöpferisch zu werden. Die aktive, schöpferische Tätigkeit richtet sich in der ersten Übung auf Gegenstände, also nach außen, und in der sechsten Übung auf sich selbst, das heißt nach innen, und andererseits in der ersten Übung auf die Übung selbst (nach innen) und in der sechsten Übung auf die anderen Übungen (nach außen).

Geistige Leiter: Geister der Liebe (Seraphim). Sie erlösen den physischen Leib von der Schwerkraft. –

Wenn man das Menschenwesen auf der Erde betrachtet, stellt sich der physische Leib als Grundlage für das irdische Leben, für die Inkarnation dar. Gibt es keinen Leib, dann ist es dem Menschen auch nicht möglich, auf der Erde zu leben. Als Grundlage des Menschen auf der Erde entspricht der physische Leib der universalen Grundlage alles Daseins. Diese Grundlage ist die reine universale Liebe. Die Liebe ist zugleich Kraft und Substanz alles Seins; sie strömt von den Geistern der Liebe aus.

Aus Liebe-Substanz sind alle Teile des Ganzen, alle Formen als Welt-Raum gestaltet, und sie bewegen sich darin in einem harmonischen Zusammenklang. Die Geister der Liebe schauen auf diesen Raum, der von den Geistern der Harmonie in eine ewige Entwicklung gebracht wird.

«Der Mensch ist ein Gedankenwesen» (GA 9, S. 172); er selbst ist der Gedanke der Hierarchien. Als Mensch wurde er aus Denksubstanz gestaltet. Im Denken offenbart sich der Grund seines Wesens. In der Gedankenkontrolle-Übung und in der Seelenharmonie-Übung wird Gedankengestaltung zur Grundlage für die anderen Übungen.

Nachdem Rudolf Steiner auf die Verbindung des Denkens mit dem Fühlen (in der vierten Übung) und mit dem Wollen (in der fünften Übung) hingedeutet hat, läßt er nun in der sechsten Übung den Übenden frei, selbst die *Verbindung des Denkens mit sich selbst* – ein Hauptthema der *Philosophie der Freiheit* – zu entdecken. Denn dies ist die wahre Übung der Liebe, die alle miteinander verbindet.

* *
*

DIE ÄTHERSTRÖME

Jede der sechs Übungen besteht aus zwei Teilen. Der erste umfaßt die schon dargestellte Ausführung; der zweite verlangt, sich als Abschluß jeder Übung auf ein feines, subtiles Gefühl zu konzentrieren, das einem bestimmten Energie- oder Kraftstrom des Ätherleibes, einem bestimmten durch die Übung erzeugten *Ätherstrom* entspricht. Die bewußt gelenkte Ausführung der Übungen ist mehr eine Tätigkeit des Astralleibes, während die Konzentration auf diese feinen Empfindungen mehr mit der Tätigkeit des Ätherleibes zusammenhängt, sie ist mehr eine Übung im *Erleben* der Ätherströme.

Diese Ätherströme sind nicht die «normalen» Ströme des Ätherleibes, die durch alle Chakras – durch die Meridiane der Akupunktur – hindurchströmen und die physiologischen Lebensprozesse im Körper ermöglichen und lenken. Die hier erlebbaren Ätherströme sind vom Astralleib geführt; sie arbeiten in harmonischem Zusammenhang mit der Weiterentwicklung des Ätherleibes und strömen mehr an der Grenzschicht zwischen Äther- und Astralleib als innerhalb des Körpers. Durch diese Ätherströme wird im Ätherleib eine Grundlage für die Chakras des Astralleibes geschaffen. Diese Grundlage wird sich nach der Anordnung der Chakras differenzieren und als neuer Chakra-Organismus gestalten – man kann hier von neuen Meridianen sprechen –, wodurch die ätherische Kundalini in umgekehrter Richtung von oben nach unten erwachen wird. Deshalb wurden diese Ätherströme von Rudolf Steiner als «Gefühle» bezeichnet; das heißt, sie sind, richtig gefaßt, nicht als körperliche Empfindungen zu erleben (solche beziehen sich unmittelbar auf den Ätherleib), da sie sich nicht bis in den Körper hinein auswirken. Ihre Tätigkeit an der Grenzfläche zwischen Äther- und Astralleib wird mehr als ein Energie- oder Kraftgefühl, als geistiges Gefühl erlebt.

Im Folgenden werden die Ätherströme im Wortlaut Rudolf Steiners charakterisiert und aus der Erfahrung des Verfassers bildhaft dargestellt. (Die dem Band *Aus den Inhalten der esoterischen Stunden,* GA 266,I, entnommenen Zitate geben nur aus dem Gedächtnis niedergeschriebene Notizen von Zuhörern wieder.)

Zur ersten Übung: «Am Ende einer solchen Übung versuche man, das innere Gefühl von Festigkeit und Sicherheit, das man bei subtiler Aufmerksamkeit auf die eigene Seele bald bemerken wird, sich voll zum Bewußtsein zu bringen, und dann beschließe man die Übungen dadurch, daß man an sein Haupt und an die Mitte des Rückens (Hirn und Rückenmark) denkt, so wie wenn man jenes Gefühl in diesen Körperteil hineingießen wollte.» (GA 245, S. 16; neu: GA 267, S. 56.) – «Diese Übung erweckt in dem Schüler ein Gefühl der Festigkeit, indem dadurch das Chakram zwischen den Augenbrauen in Tätigkeit versetzt wird. Dieses Gefühl soll man von dort aus durch das Gehirn in das Rückgrat hineinsenden.» (GA 266, I, S. 418.) – «Nach einiger Zeit bemerkt man dann in der Seele ein Gefühl von Festigkeit und Sicherheit. Nun muß man sich aber nicht vorstellen, daß dies Gefühl einen ganz heftig überrumple. Nein, es ist dies ein ganz feines subtiles Gefühl, das man erlauschen muß. Diejenigen, die behaupten, sie könnten absolut dies Gefühl nicht in sich verspüren, gleichen zumeist denen, die ausgehen, um unter vielen anderen Gegenständen einen ganz kleinen, feinen Gegenstand zu suchen. Sie suchen zwar, aber nur so obenhin, und da können sie den kleinen Gegenstand nicht finden, sondern übersehen ihn. Ganz still in sich hineinlauschen

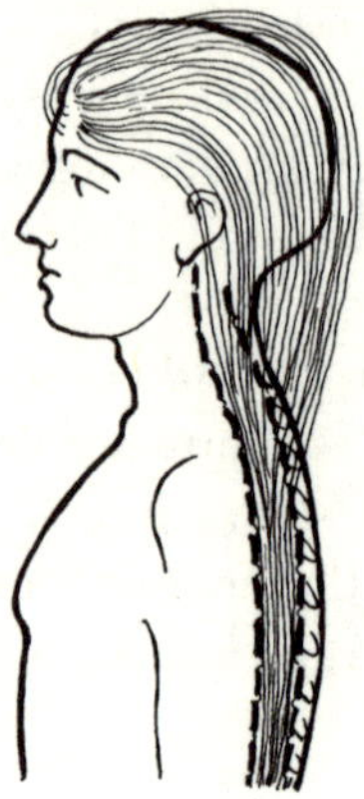

Abb. 11: erster Ätherstrom

muß man, dann empfindet man dies Gefühl, und zwar tritt es hauptsächlich im vorderen Teil des Kopfes auf. Hat man es dort verspürt, so gießt man es in Gedanken ins Gehirn und ins Rükkenmark. Allmählich meint man dann, es gingen Strahlen aus vom Vorderkopfe bis ins Rückenmark hinein.» (GA 266, I, S. 232f.) – «Wenn man diese Übung macht, so wird man nach einiger Zeit nach der Übung ein Gefühl innerer Sicherheit und Festigkeit fühlen. Es ist dies ein ganz spezifisches Gefühl. Dessen suche man sich ganz bewußt zu werden und gieße es dann, wie wenn es Wasser wäre, in Haupt und Rückenmark.» (GA 266, I, S. 202.)

Die Bewußtmachung dieses Gefühls schließe man unmittelbar an die Übung an.

Zur zweiten Übung: «Hat man eine solche durch die zweite Übung vollzogene Initiativ-Handlung hinter sich, so werde man sich des Gefühles von innerem Tätigkeitsantrieb innerhalb der Seele in subtiler Aufmerksamkeit bewußt und gieße dieses Gefühl gleichsam so in seinen Leib, daß man es vom Kopfe bis

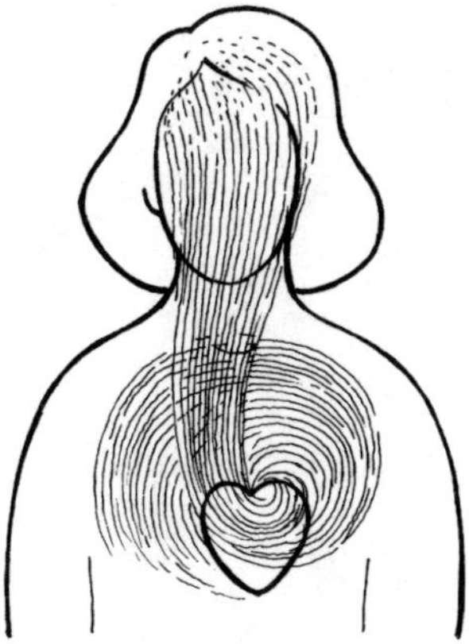

Abb. 12: zweiter Ätherstrom

über das Herz herabströmen lasse.» (GA 245, S. 17; neu: GA 267, S. 57.) – «Dann macht sich bei dieser Übung bald ein Gefühl bemerkbar, etwa wie: ‹ich kann etwas leisten›, ‹ich bin zu mehr tüchtig als früher›, ‹ich fühle Tätigkeitsdrang›. Eigentlich im ganzen oberen Teil des Körpers fühlt man das. Man versucht dann, dies Gefühl zum Herzen fließen zu lassen.» (GA 266, I, S. 233.) – «Wiederum bemerkt man dann bald ein bestimmtes Gefühl, eine Festigkeit und den Trieb, tätig zu sein. Dieses Gefühl führe man sich voll ins Bewußtsein und gieße es wie Wasser vom Kopf herab zum Herzen, um es sich so ganz einzuverleiben.» (GA 266, I, S. 202.)

Auch hier schließe man das Bewußtmachen unmittelbar an die Ausführung der Übung an.

Zur dritten Übung: «Vor allem wird man eines Tages eine innere Ruhe im Körper durch subtile Aufmerksamkeit spüren können; diese gieße man, ähnlich wie in den beiden oberen Fällen, in den Leib, indem man sie vom Herzen nach den Händen, den Füßen und zuletzt nach dem Kopfe strahlen läßt. Dies

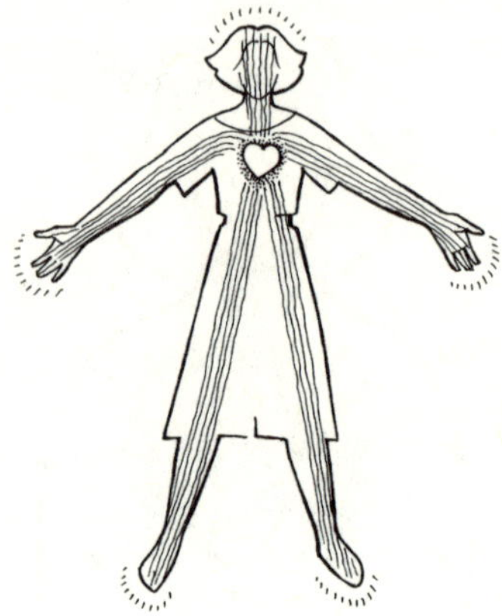

Abb. 13: dritter Ätherstrom

kann natürlich in diesem Falle nicht nach jeder einzelnen Übung vorgenommen werden, da man es im Grunde nicht mit einer einzelnen Übung zu tun hat, sondern mit einer fortwährenden Aufmerksamkeit auf sein inneres Seelenleben. Man muß sich jeden Tag wenigstens einmal diese innere Ruhe vor die Seele rufen und dann die Übung des Ausströmens vom Herzen vornehmen.» (GA 245, S. 17f.; neu: GA 267, S. 57f.) – «Dieses gibt ein Gefühl der Ruhe, das man aus dem Herzen über Arme und Hände ausströmen läßt.» (GA 266, I, S. 418.) – «Und hat man sich ein paarmal überwunden, so verspürt man bald auch ein Gefühl von Ruhe und Gleichmut. Dies Gefühl läßt man durch den ganzen Körper fließen, indem man es vom Herzen aus zuerst in Arme und Hände gießt, damit es durch die Hände in die Taten ausstrahle. Dann läßt man es zu den Füßen strömen und zuletzt nach dem Kopfe.» (GA 266, I, S. 233.) – «Wie eine innere Wärme macht sich dieses Gefühl ruhigen Gleichmutes bemerkbar. Das Gefühl konzentriere man im Herzen und lasse es von da in die Hände, in die Füße und dann nach dem Kopfe strahlen.» (GA 266, I, S. 203.)

Abb. 14: vierter Ätherstrom

Mit dem Erlebnis dieses Ätherstromes kann man die tägliche Ruhezeit (siehe S. 96) abschließen.

Zur vierten Übung: «Wer einen Monat hindurch sich bewußt auf das Positive in allen seinen Erfahrungen hinrichtet, der wird nach und nach bemerken, daß sich ein Gefühl in sein Inneres schleicht, wie wenn seine Haut von allen Seiten durchlässig würde und seine Seele sich weit öffnete gegenüber allerlei geheimen und subtilen Vorgängen in seiner Umgebung, die vorher seiner Aufmerksamkeit völlig entgangen waren ... Hat man einmal bemerkt, daß dies beschriebene Gefühl wie eine Art von Seligkeit sich in der Seele geltend macht, so versuche man dieses Gefühl im Gedanken nach dem Herzen hinzulenken und es von da in die Augen strömen zu lassen, von da hinaus in den Raum vor und um den Menschen herum. Man wird bemerken, daß man ein intimes Verhältnis zu diesem Raum dadurch erhält. Man wächst gleichsam über sich hinaus.» (GA 245, S. 19; neu: GA 267, S. 59.) – «Diese Übung gibt, fortgesetzt, ein Gefühl einer großen Freude.» (GA 266,I, S. 418.) – «Dann bekommt man das Gefühl, als dehne man sich über seine Haut hinaus aus. Es

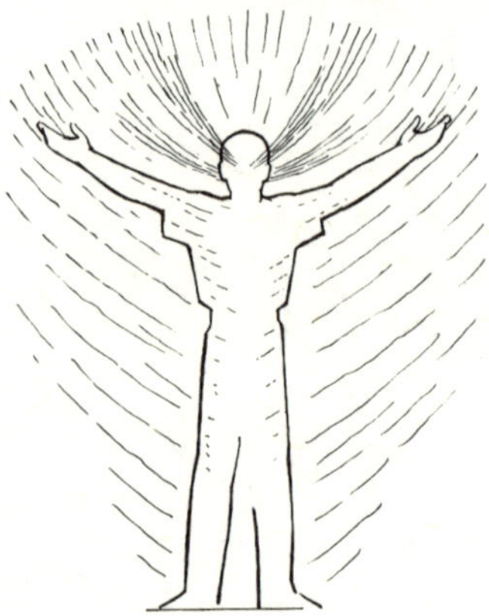

Abb. 15: fünfter Ätherstrom

ist ein ähnliches Gefühl des Größerwerdens, wie es der Ätherleib nach dem Tode hat. Verspürt man dieses Gefühl, so lasse man es von sich ausstrahlen durch Augen, Ohren und die ganze Haut, hauptsächlich durch die Augen.» (GA 266,I, S. 233f.) – «Da wird man ein Gefühl innerer Seligkeit eines Tages verspüren. Das konzentriert man im Herzen, läßt es zum Kopfe strahlen und von da zu den Augen hinaus, als wenn man es ausstrahlen wolle durch die Augen.» (GA 266,I, S. 203.)

Dieses Ausströmen schließe man an jede oder wenigstens an einige der Ausführungen an.

Zur fünften Übung: «Wer im fünften Monat seine Aufmerksamkeit darauf lenkt, so gesinnt zu sein, der wird bemerken, daß sich ein Gefühl in seine Seele schlecht, als ob in jenem Raum, von dem bei der Übung im vierten Monat gesprochen wurde, etwas lebendig würde, als ob sich darin etwas regte. Dieses Gefühl ist außerordentlich fein und subtil. Man muß versuchen, dieses subtile Vibrieren in der Umgebung aufmerksam zu erfassen und es gleichsam einströmen zu lassen durch alle fünf Sin-

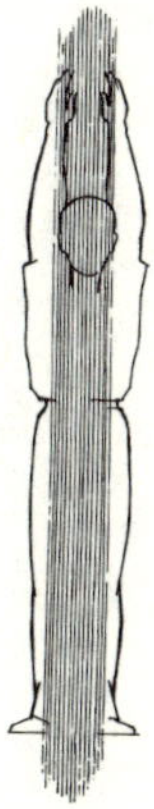

Abb. 16: sechster Ätherstrom

ne, namentlich durch Auge, Ohr und durch die Haut, insofern diese letztere den Wärmesinn enthält.» (GA 245, S. 20; neu: GA 267, S. 60.) – «Das gibt ein Gefühl so, als ob man auch teilweise außerhalb seines Leibes wahrnehmen könnte.» (GA 266,I, S. 419.) – «Es überkommt uns dann ein Gefühl, als ströme von außen etwas auf uns ein. Das saugen wir ein durch Augen, Ohren und die ganze Haut.» (GA 266,I, S. 234.) – «Dann wird man bald ein Gefühl verspüren, als ströme von außen aus dem Raum etwas auf einen ein. Dies saugt man gleichsam auf durch Augen, Ohren und die ganze Haut.» (GA 266,I, S. 203.)

Das Erleben dieses Gefühls schließe man an jede oder wenigstens an einige der Übungsausführungen an.

Zur sechsten Übung: (Eine schriftliche Darstellung ist nicht bekannt.) «Durch diese Anwendung (der Übung) wird man ein Gefühl bekommen, als ob man größer geworden wäre, über seine Haut hinaus.» (GA 266,I, S. 419.)

Man schließe dieses Gefühl an die Gesamtausführung an.

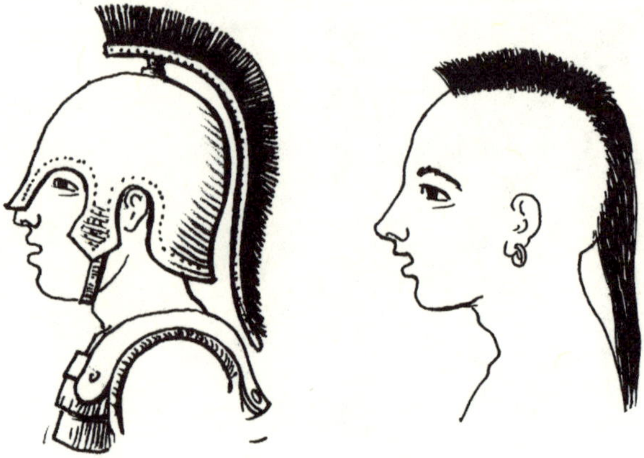

Abb. 17: Symbol zum ersten Ätherstrom

Im Erleben der Ätherströme wird die Innen/Außen-Polarität zwischen den ersten drei und den letzten drei Übungen sehr deutlich: bei den ersten drei bleiben die Ätherströme im Körperinnern, bei den letzten drei strahlen sie nach außen beziehungsweise von außen nach innen.

*

Die Ätherströme wurden im Laufe der Geschichte allmählich vorbereitet. In unserer Zeit wird es erforderlich, sie systematisch zur Reife zu bringen; dazu dienen auch die Sechs Übungen als wichtige gegenwärtige Aufgabe der geistigen Schulung. In der Vergangenheit wurden sie geahnt und in bestimmten Zeiten symbolisch dargestellt.

In der römischen Zeit wurde der Helm der Legionäre mit einer Art Schweif, einem «Busch» geschmückt (siehe Abb. 17). Er deutete hin auf die damals reif gewordene Kraft des logischen Denkens, die der strengen, logischen Ordnung und Organisation des Römischen Reiches zugrunde lag. Oft wurde den

Abb. 18: Symbol zum zweiten Ätherstrom

römischen Legionen bei ihren Eroberungskriegen wenig oder gar kein Widerstand von den Völkern entgegengesetzt. Dies hatte seinen Grund darin, daß die noch etwas hellsichtige Bevölkerung in diesem Schweif ein Symbol einer neuen, machtvollen Fähigkeit des Menschen erkannte: des logischen Denkens. Die Kraft des Denkens muß heute auf eine noch höhere Ebene erhoben werden; dazu dient im Rahmen der Gesamtübungen, als Übergang vom logischen zum überlogischen Denken, die erste Übung. – Dasselbe Symbol findet sich auch schon bei den Griechen, ferner bei den Indianern und einigen europäischen Völkern; meistens war es da aus Federn gebildet. Heute erscheint es in dekadenter Form im «Haarstil» der Punker als Ausdruck eines Strebens, das den richtigen Weg zu seiner Erfüllung noch nicht gefunden hat.

Auch die Brustausrüstung war bei den römischen Legionären oft mit einem Schmuck versehen, und zwar über der Herzregion (siehe Abb. 18). Schon in früherer Zeit trugen die höchsten Priester der Juden einen mit Edelsteinen geschmückten heiligen Brustschild; später im Mittelalter wurde, nicht nur von

Abb. 19: Symbol zum dritten Ätherstrom

Priestern, ein Kreuz auf der Brust getragen, womit wiederum auf das Herz hingedeutet wurde. Auch dieses Symbol machte auf die heidnischen Völker einen tiefen Eindruck, wie die Geschichte des Kaisers Konstantin des Großen zeigt. Die heute weit verbreitete Gewohnheit, vorne auf Hemden und Blusen Bilder und Figuren aller Art zu drucken, geht auf dasselbe Prinzip zurück.

Weit verbreitet ist heute auch das Symbol des fünfzackigen Sterns, es erscheint auf den Fahnen vieler Länder, auf Schmuckstücken, in der Werbung (siehe Abb. 19) und bei vielen anderen Gelegenheiten. Es offenbart das Bild des ganzen Menschen: das Pentagramm.

Für die zur vierten, fünften und sechsten Übung gehörenden Ätherströme hat der Verfasser die entsprechenden Symbole nicht gefunden. Was den vierten Ätherstrom betrifft, kann man vielleicht an das in der katholischen Tradition oft verwendete Bild des Herzens Jesu denken: In der Brust Jesu glüht und strahlt sein sichtbares Herz. Die Verbreitung dieses symbolischen Bildes, dieser Imagination ist jedoch begrenzt. Was sich indessen in jüngster Zeit als ein Wirkliches immer mehr in das Bewußtsein vieler Menschen einlebt – denn es hat Gültigkeit für alle Menschen –, ist die Gestalt des «Licht-Wesens», dem jeder Mensch an der Schwelle des Todes begegnet. Die Begegnung mit diesem Wesen wurde hauptsächlich durch das neue Phänomen der Nah-Todeserfahrung bekannt, die weltweit von unzähligen Menschen gemacht wird (vgl. Kenneth Ring). Das Licht-Wesen tritt an die Stelle des dunklen Sensenmannes als des uralten Bildes des Todes. Dadurch wird das Paradigma des Todes als Ende des Lebens durch das Paradigma des Todes als Wandlung ersetzt. Es könnte sein, daß in bezug auf das durch die letzten drei Übungen entwickelte Bewußtsein nun wirkliche geistige Wesen an die Stelle von Symbolen treten. Der Tod ist nicht mehr, er ist besiegt!

* *
*

DER ÜBUNGSPLAN

In diesem Kapitel werden verschiedene Aspekte angesprochen, welche mit der Gesamtausführung der Übungen zusammenhängen.

Vorbereitung und Planung

Der Erfolg des Übens hängt zum großen Teil von einer gründlichen Vorbereitung und einem bis in Einzelheiten ausgestalteten Plan ab. Es ist hilfreich, die Planung schriftlich durchzuführen, wozu beispielsweise ein Tagebuch nützlich sein kann.

Es ist ratsam, den Tag, an dem man beginnen will, so zu wählen, daß man genügend Zeit zur Vorbereitung hat und er in eine für den Beginn günstige Zeit fällt. Aus der Erfahrung hat sich gezeigt, daß – insbesondere wenn man die Übungen zum ersten Mal macht – der Herbst beziehungsweise die Michaelizeit geeigneter ist als Sommer, Frühjahr oder Winter, und zwar weil der Herbst der besonders für die Denkübung nötigen konzentrierten inneren Arbeit mehr entgegenkommt und die weitere Reihenfolge der Übungen besser mit dem Charakter der Jahreszeiten harmoniert.

Es ist nicht erforderlich, daß die Dauer für alle Übungen die gleiche ist; wichtiger ist die Stimmigkeit des Anfangstages, zum Beispiel ein Sonntag oder der erste Tag eines Monats. Auch Ferien oder Urlaub sollten berücksichtigt werden.

Es ist gut, bevor man anfängt, sich einen Überblick über alle Sechs Übungen zu verschaffen, so daß im Verlaufe des Übens immer die Perspektive auf das Ganze vorhanden ist.

Man frage sich zuerst ernst und nüchtern, ob man dieses Unternehmen wirklich anpacken und bis zum Ende durchführen will. Denn vom esoterischen Gesichtspunkt aus ist es besser, gar nichts zu unternehmen, als eine begonnene Handlung ergebnislos und unvollendet abzubrechen. Die übersinnlichen Vorgänge, um die es hier geht, können von den meisten Menschen nicht durchschaut werden, und wenn ein solches Unternehmen nicht bis zum Ende geführt wird, wird ein Einfallstor für schädliche Wirkungen der Widersachermächte geöffnet. Damit ist nicht die falsche oder unzulängliche Ausführung einer Einzelübung gemeint – so wie diese Übungen von Rudolf Steiner gegeben wurden, schadet das überhaupt nicht –, sondern die Unversehrtheit des Ganzen. Durch die unbefriedigende, unvollkommene Ausführung der Gesamtübung lernt man, mit den eigenen Frustrationen zu leben; und das ist es, wodurch man eigentlich lernt.

Dauer der Übungen

Die kürzeste Zeitspanne, die für jede Übung in Betracht kommt, beträgt zwei Wochen. Die notwendige Länge ist nicht von vornherein festzulegen, am besten, bis sich das Gefühl, das Erlebnis der Ätherströme einstellt, im Durchschnitt etwa nach vier Wochen. Rudolf Steiner hat ganz variable Zeitspannen angegeben: «durch Monate hindurch» (GA 13, S. 330), «etwa einen Monat» (GA 245, S. 16; neu: GA 267, S. 56), «so lange fortmachen, bis wir es erreichen, daß sich das betreffende Gefühl einstellt», «einen Monat oder länger» (GA 266,I, S. 194), «mindestens vier Wochen lang», «auch monatelang, bis man fühlt, daß sie gute

6. Übung						ganzer Tag
5. Übung					ganzer Tag	vormittags
4. Übung				ganzer Tag	vormittags	nachmittags
3. Übung			3 - 5	3 - 5	3	3
2. Übung		3 - 5 mal	3 mal	3 mal	2 mal	2 mal
1. Übung	15 - 30 Min.	10 Min.	5 Min.	5. Min.	5. Min.	5. Min.
	1. Periode	**2. Periode**	**3. Periode**	**4. Periode**	**5. Periode**	**6. Periode**

Früchte trägt» (GA 266, I, S. 202), «Diese Übungen brauchen nicht gerade je einen Monat gemacht zu werden. Es mußte eben überhaupt eine Zeit angegeben werden» (GA 266,I, S. 234), «Man kann eine jede dieser Übungen sechs bis acht Wochen fortsetzen, oder so lange, wie man es für nötig hält» (GA 266,I, S. 417).

Der obige Plan enthält Vorschläge für die Durchführung eines ganzen Zyklus der Übungen: Zeitspannen und Häufigkeit des täglichen Übens sowie die günstigste Tageszeit. Die Länge jeder Periode bestimme man selbst im Hinblick auf die eigenen Lebensumstände. – Wenn man einen Zyklus vollendet hat, dann soll man nach einer Pause oder auch unmittelbar anschließend *immer* «von vorne beginnen» (GA 266,I, S. 417).

Reihenfolge der Übungen

Wenn man die Übungen als Zyklus aufgreift, müssen sie unbedingt in der angegebenen Reihenfolge durchgeführt werden. Obwohl dies selbstverständlich erscheint, hat es sich doch gezeigt, daß in der Praxis immer wieder gegen diese Grundregel verstoßen wird, besonders wenn in der Hitze des Übens die

Verführung groß wird, beispielsweise eine ganze Periode zu wiederholen. Rudolf Steiner hat mit derartigen Verführungen gerechnet: «Es kommt vor allem darauf an, daß man die Übungen gerade in dieser Reihenfolge macht. Wer die zweite Übung vor der ersten macht, der hat gar keinen Nutzen davon. Denn gerade auf die Reihenfolge kommt es an. Manche meinen sogar, mit der sechsten Übung, mit der Harmonisierung, anfangen zu müssen. Aber harmonisiert sich etwas, wenn nichts da ist? Wer die Übungen nicht in der rechten Reihenfolge machen will, dem nützen sie gar nichts. Wie wenn einer über einen Steg sechs Schritte machen muß und den sechsten Schritt zuerst machen will, so unsinnig ist es, mit der sechsten Übung beginnen zu wollen.» (GA 266,I, S. 234.)

Eine «Probe»

Ein Teil der Vorbereitung kann darin bestehen, sich einen Überblick zu verschaffen über die eigentlichen Forderungen, den Tagesablauf, die Anstrengungen im Zusammenhang mit anderen Übungen, die eigenen Möglichkeiten und so weiter. Bevor man «wirklich» beginnt, kann man eine Art Probe machen, indem man einmal den ganzen Zyklus so durchläuft, daß man für jede Übung beispielsweise zwei Tage oder eine Woche aufwendet. Das kann indessen nur als Versuch nützlich sein, denn eine so kurze Zeit reicht in gar keiner Weise dazu aus, daß die Übung richtig wirksam werden kann.

Mißerfolge

Wenn man meint, man habe die eine oder die andere Übung während der vorgesetzten Zeitspanne nicht zufriedenstellend ausgeführt, oder wenn man sie über längere Zeit hin überhaupt nicht gemacht hat, dann soll dies der weiteren Durchführung der Übungen in keiner Weise im Wege stehen, sondern man führe den Plan wie vorgesehen aus und versuche es bei der nächsten Wiederholung besser zu machen. Um solche Situationen überhaupt zu vermeiden, kann es sehr hilfreich sein, wenn man sich die Arbeit mit dem Tagebuch zur Gewohnheit macht.

Krankheit oder anstrengende Lebensumstände, aber auch die fremde Umgebung auf Reisen, Erschöpfung, Müdigkeit, seelische Verstimmungen und so weiter können dazu führen, daß die richtige Durchführung der Übungen sehr erschwert wird. Statt dann gar nichts zu tun, empfiehlt es sich, sich wenigstens kurz auf die Übung zu konzentrieren, sie einen Augenblick im Bewußtsein zu halten. «Wenn das auch nur eine Minute geschieht, so ist es schon von größter Bedeutung für den Rhythmus des physischen und Ätherleibes.» (GA 95, S. 113.)

Es soll kein «Perfektionismus» angestrebt werden. Man versuche einfach, ernst und nüchtern zu tun, was in den eigenen Möglichkeiten liegt.

Das Verhältnis zu anderen esoterischen Übungen

Wie verhalten sich diese sogenannten Nebenübungen zu anderen Übungen, beispielsweise zu den von Rudolf Steiner angegebenen – allerdings nur in bestimmtem Rahmen so bezeichneten – «Hauptübungen»? Bezüglich der täglichen Ausführung sei auf Folgendes aufmerksam gemacht.

Die sechs «Nebenübungen» sind, wie schon im ersten Teil dieses Buches dargestellt, die einzigen Übungen dieser Art, die tatsächlich einen Doppelcharakter haben. Einerseits sind sie *unentbehrliche* Schutzübungen, die zusammen mit *allen* anderen esoterischen (Haupt-)Übungen – Meditationen, mantrischen Sprüchen und so weiter – geübt werden *müssen*; andererseits sind sie Grundübungen, welche die Aufgabe haben, unmittelbar das Herzchakra zur Reife zu bringen und dadurch entscheidend zur Bildung des neuen Zentrums der leiblichen Wesensglieder beizutragen. Die Schutzaufgabe besteht darin, die schädlichen Kräfte davon abzuhalten, in den physischen und ätherischen Leib einzudringen, wenn der Mensch während bestimmter Meditationen außerhalb dieser Wesensglieder nur in Astralleib und Ich lebt (vgl. dazu GA 12, S. 27ff. und das Kapitel «Die Übungen für das Herzchakra»). Als Grundübungen jedoch dienen diese Sechs Übungen der Ausarbeitung des Herzchakra – und man kann nicht nachdrücklich genug betonen, daß die Ausbildung und Reifung dieses Chakra die wichtigste Aufgabe unserer Zeit ist. So haben diese Übungen eine ganz eigenständige Aufgabe und sind daher unabhängig von irgendwelchen anderen Übungen. Im Sinne Rudolf Steiners sind alle von ihm gegebenen Meditationen eigentlich von den sechs Nebenübungen abhängig – nicht umgekehrt! Die sechs Nebenübungen sollen nicht sekundär nebenher gemacht werden. Die Bezeichnung «Neben»-Übungen hat natürlich solche falschen Vorstellungen nahegelegt.

* *
*

DRITTER TEIL: DIE HERZÜBUNG

ÜBERBLICK

Im zweiten Teil des Buches wurden die Sechs Übungen als Einzelübungen behandelt. In diesem dritten Teil wird zu entwikkeln versucht, wie alle sechs als eine Gesamtübung, als eine «Herzübung» betrachtet und gleichzeitig als *eine* Übung ausgeführt werden können. Zunächst soll auf die hervorgehobene Stellung dieser Übungen innerhalb der anderen Chakra-Übungen aufmerksam gemacht werden.

Es wurde schon im ersten Teil, im Kapitel über die traditionelle Chakra-Lehre, über Entstehung und Entwicklung des achtblättrigen Chakra berichtet. Rudolf Steiner selbst, so scheint es zunächst, hat für die Entwicklung dieses Chakra keine besonderen Übungen gegeben. In *Wie erlangt man Erkenntnisse der höheren Welten?* und in *Die Stufen der höheren Erkenntnis* weist er jedoch auf vier Übungen hin, die in der Seele vier «innere *Gewohnheiten* begründen» sollen (GA 10, S. 146). Durch diese vier Übungen sollen «Seelengewohnheiten» entwickelt werden, die für die Entstehung und die Entwicklung des neuen Zentrums im Ätherleib unentbehrlich sind (siehe dazu GA 10, S. 138ff.). Sie werden als «Eigenschaften» (GA 10, S. 145ff.) und als «Tugenden» (GA 12, S. 29ff.) bezeichnet.

Drei von diesen vier Übungen sind nicht ganz eindeutig beschrieben – nur die dritte Übung, diejenige, die gerade aus der Gesamtheit der Sechs Übungen besteht, ist es. Die Sechs Übungen, die Herzchakra-Übungen, sind also in diesem Zusammenhang als *eine* Gesamtübung gegeben, welche die dritte Seelengewohnheit begründen soll. Diese Seelengewohnheit hängt aber innig mit dem neuen Denken zusammen, das durch das erweckte Herzchakra zur Tätigkeit gebracht wird: «Denken mit dem Herzen. Das ist etwas, was sich durchaus im Laufe der Entwickelung ergibt ... Es ist allerdings nicht das physische Herz, welches denkt, sondern jenes Organ, das sich als geistiges Organ in der Nähe des Herzens ausbildet, die sogenannte zwölfblätterige Lotusblume.» (GA 119, S. 218.) So bekommen die Sechs Übungen ihre ganz besondere Stellung im Verhältnis zu den anderen Chakra-Übungen: einerseits als die Übungen für das Herzchakra und andererseits als ein Teil der Übungen, die das achtblättrige Chakra ausbilden. (Es würde den Rahmen dieses Buches sprengen, wenn man zeigen wollte, daß die Andeutungen Rudolf Steiners für die Entwicklung der anderen drei Tugenden tatsächlich die Übungen für das zweiblättrige, sechzehnblättrige und zehnblättrige Chakra in verkürzter, verhüllter Form darstellen. Dies bedeutet, daß die vier Tugenden auf die Tätigkeit der oberen vier Chakras hindeuten, daß also das Zusammenwirken dieser vier Chakras das achtblättrige Chakra erweckt.) Im Kapitel «Die Herzübung» wird versucht, eine bestimmte Art der Ausführung dieser Herzübung darzustellen.

Im gleichen Kapitel wird die Ausführung der Herzübung in Beziehung zu der eurythmischen Grundübung gebracht, die Rudolf Steiner der ersten Eurythmistin, Lory Maier-Smits, gegeben hat: die sogenannten Stellungen von Agrippa von Nettesheim. Sie werden im Laufe dieses Kapitels nur soweit dargestellt, wie für unser Thema erforderlich ist. Daher richtet sich dieser Teil des Buches in erster Linie an diejenigen, die schon praktische Übungserfahrungen mit diesen Stellungen haben. Im Kapitel «Die sechs Haltungen» werden die Stellungen unter einem neuen Gesichtspunkt angeschaut, so daß auch von hier aus die Sechs Übungen als eine Einheit erscheinen.

* *
*

DIE SECHS STELLUNGEN

Im Jahr 1912 gab Rudolf Steiner als Eurythmieübung sechs Stellungen an, und im Jahr 1924 versah er sie dann mit einem Text, mit einem Satz für jede Gebärde. Dadurch wurden diese Stellungen von einer mehr physisch-ätherischen Dimension zu einer mehr seelisch-geistigen erweitert, und seither sind sie unter der Bezeichnung «Ich denke die Rede ...» bekannt (siehe Abb. 20). In dieser neuen Form empfahl er sie für den Eurythmie-Unterricht folgendermaßen: «Wenn man Erwachsenen Eurythmie lehrt, und man beginnt damit, daß man sie gerade diese Übung machen läßt, dann finden sie sich ganz sicher gerade dadurch sehr gut in das Eurythmische hinein.» (GA 279, S. 248.) Weiter wurde angegeben, daß sie auch bei jeder Eurythmie-Aufführung unmittelbar vor dem Beginn und nach der eigentlichen Aufführung gemacht werden sollte, und zwar hinter dem geschlossenen Bühnenvorhang, also dem Publikum nicht sichtbar. In beiden Fällen – in der Ausbildung, die ja auch das Üben einschließt, und im Zusammenhang mit der Aufführung der Eurythmie, die selbst eine Art Meditation ist, eine Bewegungsmeditation – erfüllt diese Übung eine wesentliche Aufgabe. Sie wird diejenigen, die sie machen, vor den schädlichen Folgen, welche bei einer Lockerung der Wesensglieder drohen, schützen können; denn auch während der Eurythmie lockern sich, wie auch in der Meditation, die übersinnlichen Wesensglieder vom Körper. In diesem Sinne hat für die physisch-ätherische Bewegungsmeditation der Eurythmie die «Ich denke die Rede ...»-Übung dieselbe Aufgabe, wie die Nebenübungen sie für die seelisch-geistige Meditation haben. Sie ist eine kurze *«Nebenbewegung»*.

Der Organismus der sechs Stellungen von «Ich denke die Rede …» gliedert sich gleich dem der Nebenübungen, zum Beispiel in der Polarität Innen/Außen zwischen den ersten drei und den letzten drei Stellungen. Die ersten drei richten sich mehr auf den inneren Raum des Körpers, indem die Arme innerhalb der Körperhöhe bleiben; die letzten drei richten sich mehr auf den äußeren Raum dadurch, daß sich die Arme bis über die Scheitelhöhe heben. (Auch der französische Eurythmist Marc Belbéoch hat diese Entsprechung erkannt.) Diese Gebärden entsprechen den seelisch-geistigen Gebärden der Denktätigkeit sowie den ätherischen Gebärden, den Ätherströmen der Nebenübungen so, wie diese im vorangehenden Teil des Buches dargestellt wurden.

Noch klarer tritt diese Ähnlichkeit hervor, wenn man die Übungen unter dem Gesichtspunkt der Harmonisierung der Seelenfähigkeiten betrachtet, der Harmonisierung von Denken, Wollen und Fühlen bei den Nebenübungen und in Krankheitsfällen. Rudolf Steiner: «Außerdem gehört diese Übung, das heißt, wenn sie gemacht wird in diesen Gebärden hintereinander, unter die die Seele harmonisierenden, heileurythmischen Gebärden. Wenn also Menschen innerlich so auseinandergekommen sind in ihrer Seele, daß sich das auch leiblich zum Ausdrucke bringt, in allerlei Stoffwechselkrankheiten zum Ausdrucke bringt, dann ist unter allen Umständen als eine heileurythmische Übung diese Übung ganz vorzüglich.» (GA 279, S. 248.)

Eine andere bedeutende Ähnlichkeit zwischen diesen Stellungen und den Nebenübungen besteht darin, daß beide nach den sieben Wesensgliedern geordnet sind, das heißt, daß sie der Reihenfolge vom physischen Leib bis zum Geistesmenschen entsprechen. Für die Nebenübungen wurde dies schon im Kapitel «Die sechste Übung» gezeigt; für die «Ich denke die Rede …»-Stellungen soll das Zeugnis eines erfahrenen Eurythmisten angeführt werden:

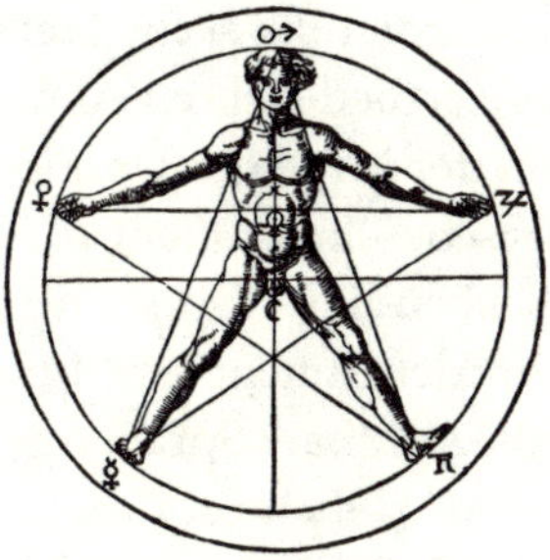

3. «Ich habe geredet»

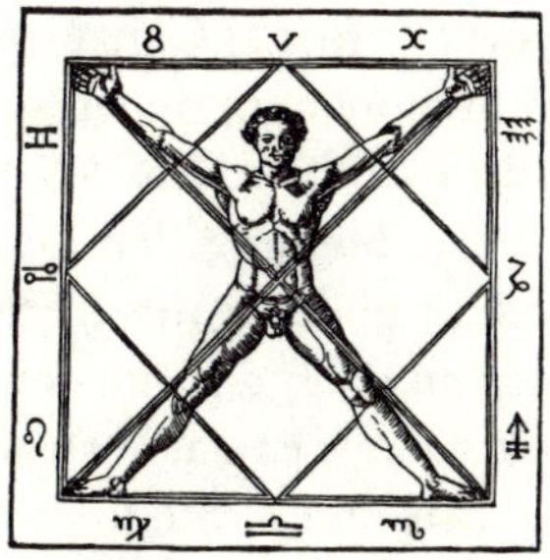

4. «Ich suche mich im Geiste»

2. «Ich rede»

5. «Ich fühle mich in mir»

Auge

Schlange

Stock

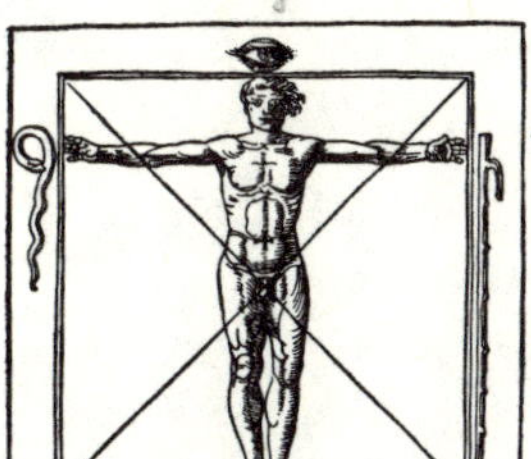

Schield

1. «Ich denke die Rede»

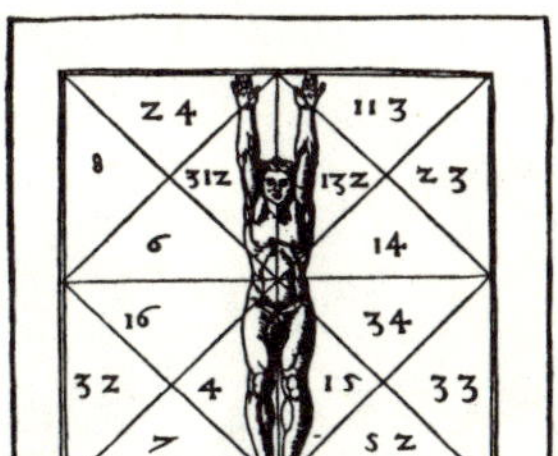

6. «Ich bin auf dem Wege zum Geiste, zu mir»

in den Zahlen offenbaren sich tiefste Geheimnisse der Schöpfung

Abb. 20: Die Agrippa-Stellungen

«Faßt man das Ganze zusammen, werden die sechs Stellungen Stationen, in denen sich die Wesensglieder ihren Abdruck im Bild schaffen. Das Ich ergreift von der Mitte der Übung her in der 1. Stellung den Leib als physisches Instrument für das Wort. Es bildet in der 2. Stellung das lebendige Wort im Ätherischen und ergreift in der 3. Stellung den Innenraum für die Seele. Damit ist das Instrument für die sichtbare Sprache geboren ... In der 4. Stellung wird mit dem Stehen im Geiste das Idealbild des Geistselbst erfaßt. In der 5. Stellung erstrahlt im Bild die Stufe des Lebensgeistes, und in der 6. Stellung, wenn alles an Widerständen überwunden sein wird, ersteht das Zukunftsbild des Geistesmenschen.» (Barfod, S. 26.)

Noch ein weiterer Aspekt der Verwandtschaft zwischen Stellungen und Nebenübungen scheint möglich, diesmal mehr von einem seelisch-geistigen Gesichtspunkt aus, nämlich anhand der Wortlaute selbst. Diesen Aspekt zu entwickeln wird im nächsten Kapitel versucht, wodurch wesentliche Hinweise gewonnen werden für die Ausführung der Sechs Nebenübungen als *einer* Herzübung.

* *
*

DIE SECHS HALTUNGEN

Die hier gemeinten «Haltungen» bestehen darin, daß die Inhalte, auch die Bedeutung der Worte zu den «Ich denke die Rede ...»-Stellungen in einer bestimmten Art so erweitert werden, daß ihre Verwandtschaft mit den Sechs Übungen eindeutiger erkennbar wird. Im Folgenden werden also der Wortlaut und die Gebärde der einzelnen Stellungen neu gegriffen.

Die erste Haltung

«Ich denke die Rede»

a. Der Wortlaut: Der Inhalt der Rede, der Sprache, ist die Welt selbst. Das gesprochene Wort (Laut, Klang) oder das geschriebene Wort (Zeichen, Buchstaben) sind symbolische Darstellungen, welche die wahrgenommenen Gegenstände unserer Welt repräsentieren. Durch sie wird die Welt der Denktätigkeit zugänglich, kann also in symbolischer Form durchgearbeitet werden. Diese Symbolworte entsprechen unseren Vorstellungen und Begriffen. Auch alle abstrakten Ideen, zum Beispiel die Liebe, das Gute, der Staat und so weiter, sind aus der Wahrneh-

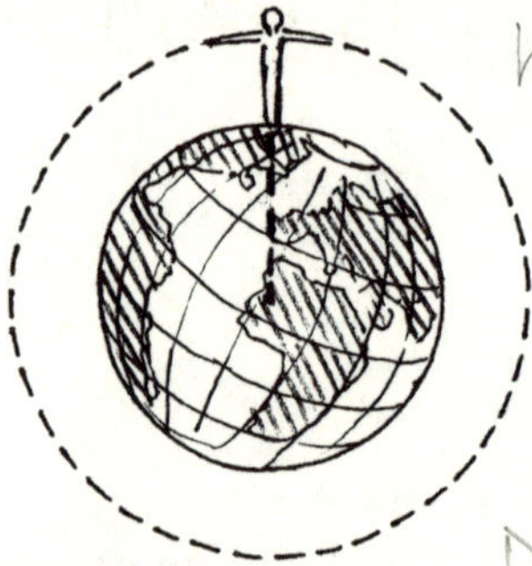

Abb. 21: erste Haltung

mung und dem Erlebnis der konkreten materiellen Gegenstände *abstrahiert:* die Liebe aus dem Urerlebnis der mütterlichen Geste oder der Staat aus den Verhältnissen in der politisch-sozial organisierten Gesellschaft. Die Sprache beziehungsweise Rede trägt diese in der Seele lebenden inneren Vorstellungen der Welt nach außen. «Ich denke die Rede» heißt: Als ein einzigartiges Ich denke ich über die Welt aus meinem eigenen, einzigartigen Gesichtspunkt, der zugleich den Standort auf der Erdoberfläche bezeichnet, wo ich mich als Denkender gerade befinde.

b. Die Stellung: Die Arme sind, der Erdoberfläche folgend, horizontal ausgebreitet und umfassen die Erde; der Körper richtet sich senkrecht auf das Erdzentrum hin. Die Gebärde der Arme stellt den Inhalt des Denkens, die Rede, und der Körper den Standpunkt oder Gesichtspunkt des Denkens – Ich denke – im Raum dar. Die Stellung erscheint hier auf der physischen Ebene.

Die zweite Haltung

«Ich rede»

Wollen

a. Der Wortlaut: Die Aussage «Ich rede» weist auf die reine Handlung, auf den Willensablauf. Durch die Sprache geht der Gedanke in die Welt hinaus; durch sie verwirklicht sich zuerst der menschliche Wille, indem erst dann, wenn ein Gedanke sprachlich gestaltet ist, er in Tätigkeit gebracht werden kann. Wir denken immer in Worten und durch Worte, auch wenn diese nicht hörbar oder sichtbar, das heißt geschrieben sind. Der Gedanke fließt im Atemstrom, im Sprachstrom hinaus in die Welt. Die Rede entfaltet sich in der Zeit, sie ist ein Zeitvorgang.
b. Die Stellung: Die leicht gehobenen und etwas vorwärts geführten Arme mit den Händen auf Kehlkopfhöhe weisen auf das Organ und auf die Tätigkeit der Sprache hin, und die nur wenig ausgebreiteten Beine lockern die Stabilität der ersten Stellung: nun wird Handlung möglich. Vorwärts strömt die Kraft des Ätherleibes.

Kehlkopf

Rechts

Abb. 22: zweite Haltung

Die dritte Haltung

«Ich habe geredet»

a. Der Wortlaut: Nachdem man geredet hat, nimmt man die Äußerung der Rede wahr, und man denkt über sie nach. Das Gefühlsleben verbindet sich nun mit dem Gesagten. Aus dem Herzen heraus wird das Urteil gesprochen. Resultat des eigenen Urteils über die Äußerungen, die man getan hat, ist das Seelengleichgewicht.

b. Die Stellung: Die Hände senken sich nun bis auf Herzhöhe, womit sich der erste Rhythmus – Schulter-, Kehlkopf-, Herzhöhe – vollendet, und die Beine breiten sich weiter aus, um den ganzen Körper in der Gestalt des Pentagramms zur Ruhe zu bringen. Die Kreuzgestalt der ersten Stellung wird nun, nach dem dynamischen Moment der zweiten Stellung, in der Sterngestalt zum Ausgleich gebracht. Der Stern wird zum Bild der Seele; wir sind auf der Astralebene angelangt.

Abb. 23: dritte Haltung

Die vierte Haltung

«Ich suche mich im Geiste»

a. Der Wortlaut: Im Irdischen erkennt man das Ich in seiner wahren Gestalt nicht, sondern nur als Tätigkeit der Seele. Nachdem im Erlebnis von Denken, Wollen und Fühlen – in der 1., 2. und 3. Haltung – das irdische Ich erkannt wurde, sucht man nun das wahre Ich in seiner eigenen Welt, in der geistigen Welt. Dies wird zunächst dadurch zu erreichen versucht, daß man das Wahre, das Gute und das Schöne, als Eigenschaften des wahren Ich, in den irdischen Erscheinungen erkennt.

b. Die Stellung: Die nun weit ausgebreiteten Arme und Beine richten sich zum Unendlichen hin. Die Geraden kreuzen sich in der Nabelgegend beziehungsweise strahlen aus dem Nabel heraus, bilden Kreisabschnitte, um sich in dem himmlischen Umkreis des Geistes zu vereinigen. So entsteht die Lemniskate zwischen Umkreis und Zentrum; in ihr sucht man das Ich; sie schafft den Weg vom irdischen zum geistigen Ich.

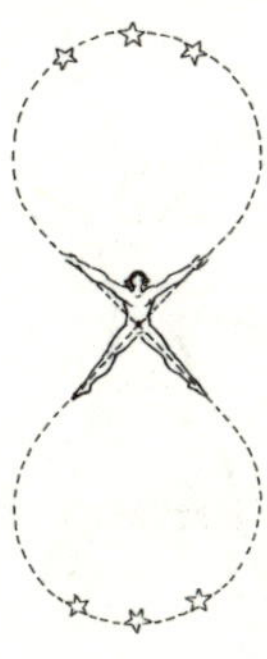

Abb. 24: vierte Haltung Rechts

Die fünfte Haltung

«Ich fühle mich in mir»

a. Der Wortlaut: Der Mensch fühlt nun sein gefundenes geistiges Ich mit seinem irdischen Ich verbunden. Die durch Geburt und Tod begrenzte Dauer seines Lebens öffnet sich zur geistigen Dimension. Er erkennt die Möglichkeit einer Realität außerhalb der Grenzen seiner vergangenen Erlebnisse; er versucht nicht mehr, aus der Bestimmung durch die Vergangenheit, sondern im Sinne der Zukunft zu handeln. (Hier weist «mich» auf das geistige und «mir» auf das irdische Ich.)
b. Die Stellung: Durch den Weg der Lemniskate wird die Verbindung des irdischen Ich mit dem geistigen Ich geschaffen. Nun nähern sich Hände und Beine wieder dem Körper; die Hände senken sich bis zur Scheitelhöhe. Dadurch berührt die Unendlichkeit das Endliche, um den Willensimpulsen den Weg in die Zukunft frei zu machen.

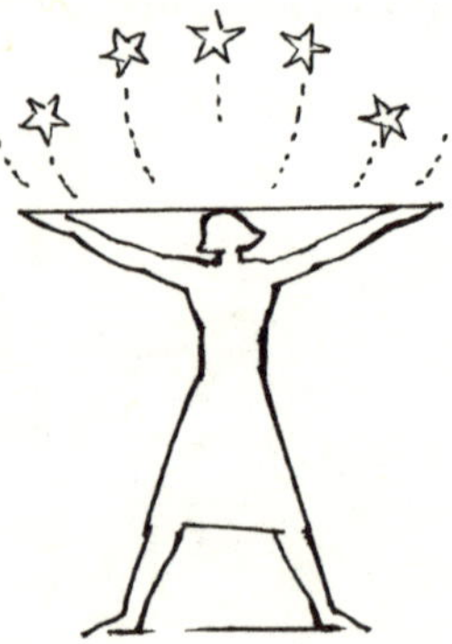

Abb. 25: fünfte Haltung

Die sechste Haltung

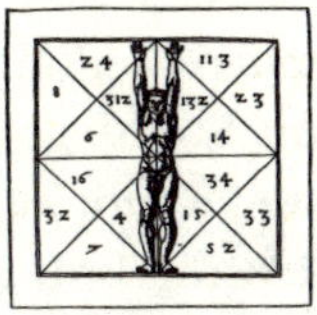

«Ich bin auf dem Wege zum Geiste, zu mir»

a. Der Wortlaut: Das Denken richtet sich hier nicht mehr auf einen Gegenstand, sei er materiell oder ideell, sondern auf die reinen Relationen, auf die Verhältnisse zwischen den Gegenständen. Ein Gegenstand existiert im Raum; ein Verhältnis lebt jedoch in der Spannung *zwischen* den Gegenständen, in einem dynamischen Raum, in einem Werden, immer auf dem Weg von dem einen zu dem andern. Als Geist ist der Mensch immer auf dem Weg, er ist ein Werdender.

b. Die Stellung: Die Arme sind nun senkrecht geführt und hoch gehoben, der zweite, umgekehrte Rhythmus ist vollendet – über dem Kopf diagonal ausgebreitet, auf Scheitelhöhe, senk-

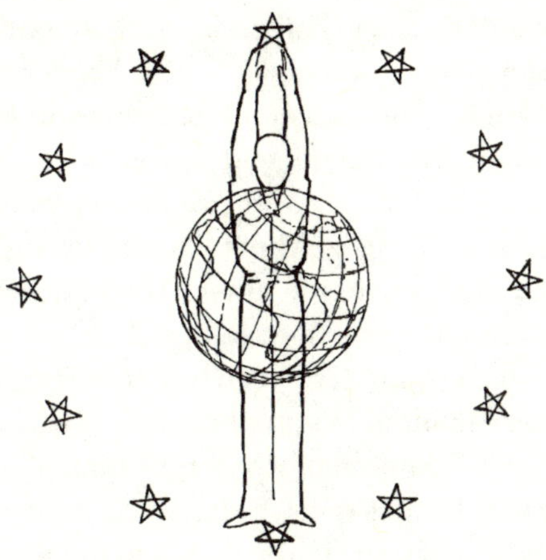

Abb. 26: sechste Haltung Rechts

recht über dem Kopf –, und die Beine sind wieder geschlossen. Der Körper wird zu einer senkrechten, geraden, gestreckten Gestalt: Das Kreuz der ersten Stellung ist nun durch die verschiedenen Stationen zum Strahl geworden; vom Erdboden strahlt er in den kosmischen Raum hinaus, und vom Unendlichen strahlt er herab durch die Erde. Die Polarität Umkreis/Zentrum der ersten Stellung hat sich nun in den Radius der Einheit verwandelt. Der Strahl-Mensch wird zur Verbindung des Irdischen, der Erde, mit dem Geistigen, dem Universum. Der Mensch wird er selbst, seine eigene geistige Gestalt.

Mit dieser letzten Haltung wird, wie auch entsprechend bei der Ausführung der Sechs Übungen, die maximale Intensität erreicht. Dies erfordert eine kurze Betrachtung über die Bedeutung dieser letzten Station der Haltungen und zugleich der Stellungen, Sechs Übungen und Ätherströme.

In seinen Zeichnungen hat Agrippa von Nettesheim selbst in reiner esoterischer Weise die letzte Stellung hervorgehoben. Auf allen Zeichnungen sieht man außer der menschlichen Gestalt auch andere Formen (die aber für die Eurythmie ohne Bedeutung sind): bei der ersten Stellung konkrete Gegenstände mit symbolischem Wert, ein Auge, einen aus einem Ast gebildeten Stock, eine Schlange und einen Schild; bei der zweiten Stellung einen Würfel sowie Kreis und Pentagramm als zwei geometrische Symbole; bei den folgenden drei Stellungen Symbole für die Planeten und den Tierkreis; nur bei der letzten, sechsten Stellung sind Zahlen eingezeichnet. Durch diese Hinzufügungen ist nicht nur auf bestimmte Inhalte für jede Stellung hingedeutet – man kann darin auch enge Beziehungen zu den Sechs Übungen erblicken –, sondern auch auf eine Steigerung in der Reihenfolge der Stellungen: von konkreten irdischen Objekten über Symbole der kosmischen Körper bis hin zu Symbolen für reine Verhältnisse, für das rein Geistige. (Die Zahlen deuten auf reine Verhältnisse, auf reine Form, nicht auf Inhalte; in den Zahlen offenbaren sich die tiefsten Geheimnisse der Schöpfung.) So spricht aus der Zeichnung für die sechste Stellung die bewußte Erhebung des Wissenden, des Esoterikers in den rein geistigen Bereich.

Im selben Sinne können auch die Ätherströme bei den Sechs Übungen betrachtet werden: Durch die Entstehung des letzten, strahlähnlichen Stromes bei der sechsten Stellung wird die ätherische Wirkung auf den senkrechten Zentralkanal der Kundalini gerichtet. Das Arbeiten mit den sechs Ätherströmen bewirkt bis zu einem gewissen Grad das Erwachen der Kundalini.

Eine ähnliche Wirkung, diesmal aber auf der Astralebene, wird durch die Ausführung der sechs Haltungen erreicht, indem die Aufmerksamkeit, das Bewußtsein aus dem Rahmen der gewöhnlichen Vorstellungen des physischen Menschen herausspringen soll. Nun soll man mit der Gestalt des Äthermenschen diese Vorstellungen erweitern. Die aufrechte Gestalt, wie sie in der sechsten Haltung erscheint, wurde in der esoterischen Tradition als die eigentliche Form des Körpers betrachtet; das geht aus folgendem Beispiel hervor.

Noah baute seine Arche im Verhältnis Länge 300 zu Breite 50 zu Höhe 30 auf (1. Moses 6, 13-15). Dieses Verhältnis entspricht dem Maß der menschlichen Gestalt mit hochgestreckten Armen, indem die Körperbreite 1/6 und die Tiefe 1/10 der Gesamtlänge beträgt. Bei den Ägyptern war das Maß der Körpergestalt entsprechend, jedoch von sechs Kreisen bestimmt, aus denen alle anderen harmonischen Maße – auch die der Pyramiden – herausgeholt wurden (siehe Abb. 27).

Vergleicht man das «normale» Bild des Körpers, wie es in der ersten Haltung erscheint, mit dem Bild der sechsten Haltung, zeigen sich zwei verschiedene Maßverhältnisse:

In den ersten drei Haltungen bleiben Hände und Arme immer unter der Scheitelhöhe. Der Mittelpunkt des Körpers, zwischen Scheitel und Fußsohle, liegt auf der Höhe der Geschlechtsorgane; Kopf – Geschlecht – Erdboden weisen auf das

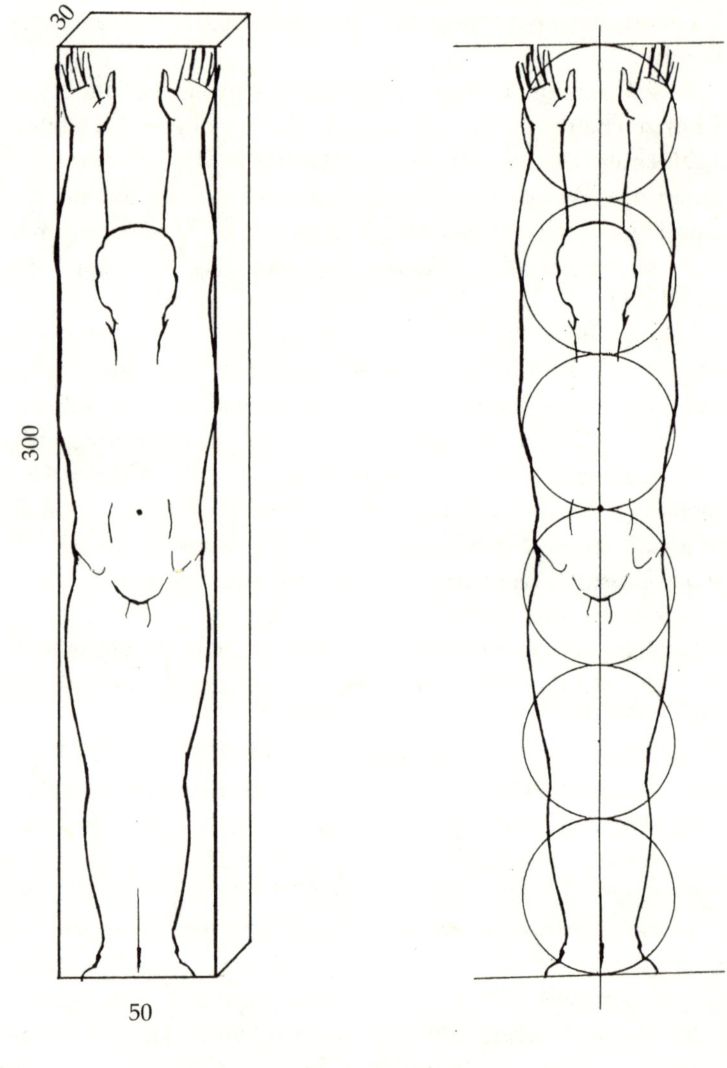

Abb. 27: Die hebräische Arche (links) und die ägyptischen Kreise (rechts)

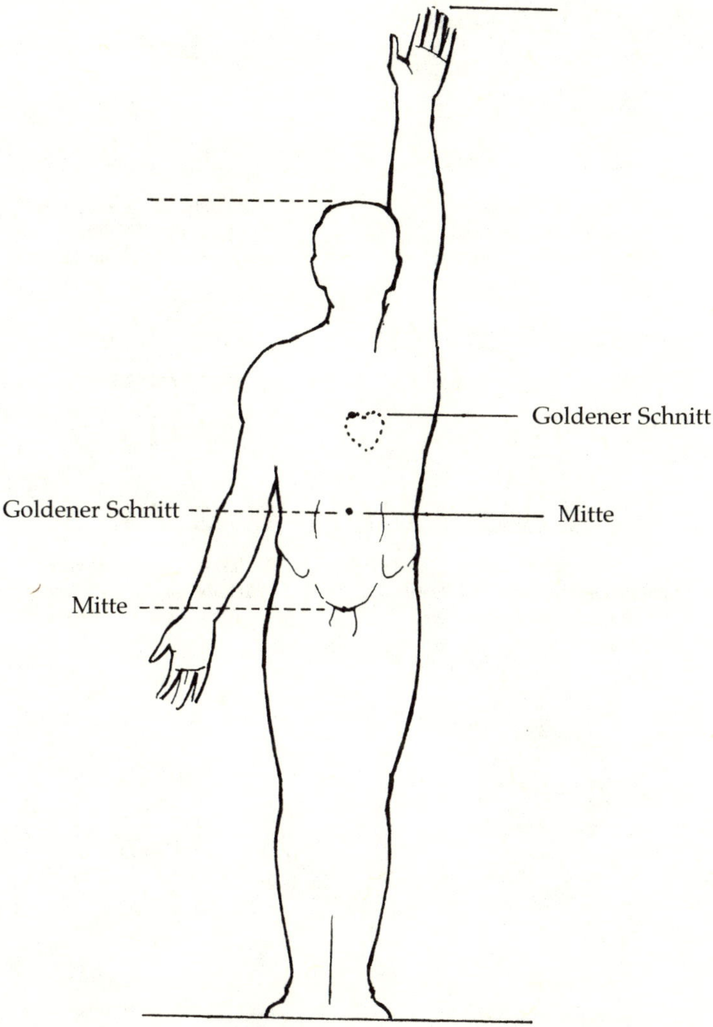

Abb. 28: Der Goldene Schnitt in der Menschengestalt

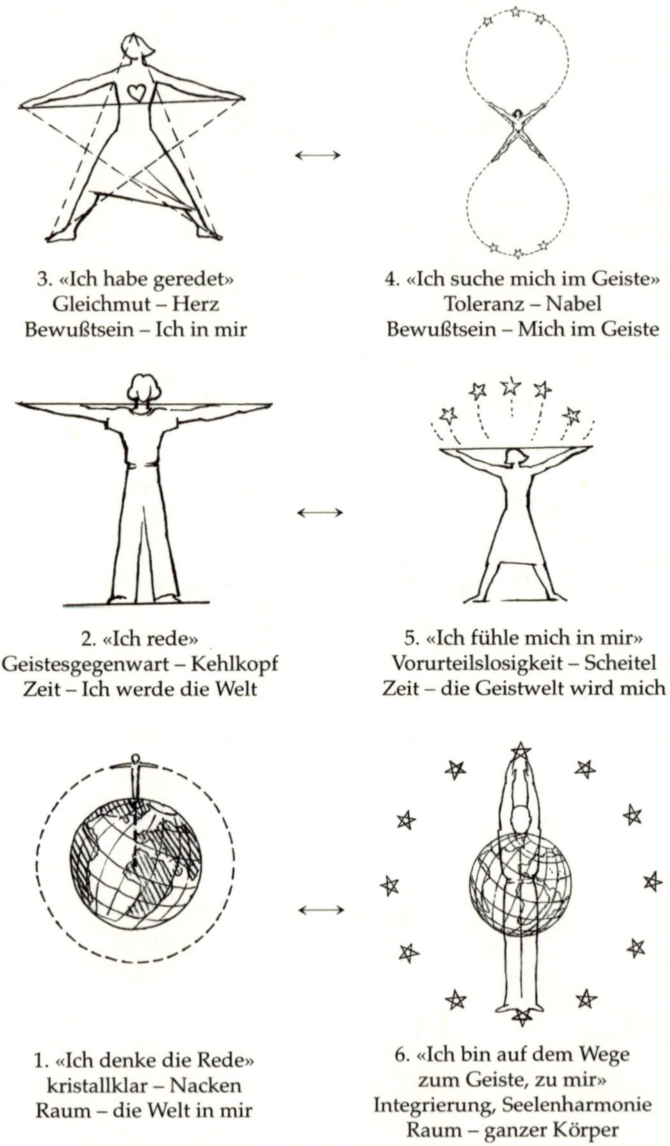

Abb. 29: Die sechs Haltungen

irdische Bewußtsein und das irdische Denken hin. Es gibt aber noch einen auf andere Weise bestimmten Mittelpunkt. Dieser offenbart einen rein lebendig-geistigen Zusammenhang; er kommt durch den «Goldenen Schnitt» zustande. Legt man dieses Verhältnis zugrunde, erscheint als Mittelpunkt der Nabel, der Verbindungsort des Körpers mit dem Vorgeburtlichen.

In den letzten drei Haltungen sind Arme und Hände immer über dem Scheitel. In der sechsten Haltung wird der arithmetische Mittelpunkt des Körpers zwischen Fußsohle und Fingerspitzen der erhobenen Arme durch den Nabel gebildet, während der Teilungspunkt des Goldenen Schnitts auf Herzhöhe liegt, also bei einem anderen «Nabel», beim Geburtsort des Ich.

Die hier dargestellten Haltungen können genau so wie die eurythmischen Stellungen ausgeführt werden, wenn man sich auf die mit ihnen verbundenen Inhalte beziehungsweise Vorstellungen konzentriert. Im folgenden Kapitel komme ich zur Herzübung, worin durch die Ausführung der sechs Haltungen die Sechs Übungen zu einer einheitlichen geistig-körperlichen Übung zusammengebracht werden.

* *
*

DIE HERZÜBUNG

Die Herzübung in der hier dargestellten Form geht nicht unmittelbar auf Rudolf Steiner zurück, sondern wurde aus dem Ringen des Verfassers mit den Sechs Nebenübungen gewonnen. Im zweiten Teil dieses Kapitels wird aber auf zwei von Rudolf Steiner gegebene Übungen hingewiesen, in denen tatsächlich die Gesamtheit der Sechs Übungen wie konzentriert erscheint und zu denen die hier dargestellte Herzübung eine Variante sein kann.

Aus den bisherigen Betrachtungen ergibt sich, daß die Sechs Übungen sowie die Agrippa-Stellungen und die sechs Haltungen eigentlich Glieder *einer* Übung sind, welche «Herzübung» genannt werden kann. Dabei wirken die Sechs Übungen mehr auf die seelisch-geistige Seite des Menschen, die Stellungen mehr auf die physisch-ätherische und die Haltungen mehr auf die ätherisch-seelische Seite. Jedesmal wird auf das Erwachen des Herzchakra von einer anderen Richtung und auf einer anderen Ebene hingewirkt; so ergänzen sich diese Übungen gegenseitig, und das jeweilige Erwachen wird dadurch wesentlich gefördert. Die eurythmischen «Ich denke die Rede ...»-Stellungen können in wenigen Minuten ausgeführt werden, auch wenn man sie mehrmals wiederholt, wie dies zum Beispiel auf der Bühne vor einer Eurythmie-Aufführung geschieht. Entsprechend kann auch die Herzübung, allerdings nur durch höchste Konzentration und als Ergebnis längerer Übung, in wenigen Minuten erfolgreich ausgeführt werden.

Diese Herzübung wird so gemacht, daß man die sechs Haltungen eine nach der anderen in der angegebenen Reihenfolge einnimmt und gleichzeitig die Sechs Übungen aus der Erinnerung intensiv und in konzentrierter Form – auf der Grundlage der schon erworbenen Seelenfähigkeiten – innerlich in ideeller Weise ausführt.

Die selbstverständlich unentbehrliche Vorbedingung dafür ist, daß man den Zyklus der Sechs Übungen streng und genügend oft wiederholt hat, das heißt wenigstens siebenmal, so daß man sie nach allen Aspekten, von allen Seiten und auf allen Ebenen gründlich beherrscht und als Folge davon die notwendigen Seelengewohnheiten schon entstanden sind. Entsprechendes gilt auch für die Haltungen.

In der Praxis hat sich gezeigt, daß man die Herzübung – nachdem man sich eine Zeitlang darauf vorbereitet und sie probiert hat – in ungefähr fünf Minuten machen kann. Man gliedert sie am besten in drei Teile und führt sie demgemäß aus:

- Als erstes führt man die sechs Haltungen allein durch – ungefähr zwei Minuten lang –, indem man die Aufmerksamkeit streng auf die körperlichen Stellungen, auf die Wortlaute und auf die erweiterten Inhalte sowie auf die entsprechenden Körperstellen konzentriert: bei der ersten Haltung auf den Punkt zwischen den Schulterblättern, bei der zweiten auf den Kehlkopf, bei der dritten auf das Herz, bei der vierten auf den Nabel, bei der fünften auf die ganze Hautoberfläche und bei der sechsten auf die menschliche Senkrechte selbst.
- Als zweites wiederholt man die Haltungen – wiederum ungefähr zwei Minuten lang –, dieses Mal konzentriert man sich jedoch auf die Sechs Übungen beziehungsweise auf das Denken, Wollen und Fühlen und dann weiter auf das Denken im Fühlen, das Denken im Wollen und zuletzt auf das Denken im Denken.

- Als drittes wiederholt man noch einmal die Haltungen, konzentriert sich aber jetzt auf die Ätherströme und die Seelenstimmungen, und zwar in folgender Weise:
  1. Erster Ätherstrom und innere Festigkeit, Gewißheit, Wahrheitsgefühl; man fühlt etwas wie eine Säule oder eine Mauer unmittelbar hinter dem Rücken.
  2. Zweiter Ätherstrom und Tätigkeitsdrang, das Gefühl von Energie und Kraft; man erlebt etwas wie einen Schild, einen «Brustschild» vor dem Herzen.
  3. Dritter Ätherstrom und die Stimmung von Ruhe und Gleichgewicht, so daß man selbst der Welt in vollkommenem Frieden gegenübersteht.
  4. Vierter Ätherstrom und die Stimmung, selbst Liebe in die Welt hinauszustrahlen.
  5. Fünfter Ätherstrom und die Stimmung vollkommener Hoffnung, so daß man sich der in die Gegenwart hereinwirkenden Zukunft völlig öffnet und sich dem eigenen Schicksal und dem Weltenschicksal opfert.
  6. Sechster Ätherstrom und das Gefühl eines unerschütterlichen Vertrauens in sich selbst und in die Welt, die Stimmung, für die eigenen und für die Weltaufgaben bereit zu sein.

Die Herzübung soll aus der Mitte, aus dem Ich heraus ausgeführt werden. Diese Tätigkeit kann man mit der eines Dirigenten vergleichen, der die ganz verschiedenen Klänge der Saiteninstrumente und der Blasinstrumente in einem harmonischen, dynamischen Zusammenklang vereinigt. So ist die Magiergestalt auf dem Umschlag dieses Buches zu verstehen, der die mehr abgerundeten, nach innen gerichteten Formen auf der linken Seite mit den mehr strahlenden Formen auf der rechten Seite zu einem harmonischen, kraftvollen Ganzen zusammenführt. Die Herzübung fordert eine Tätigkeit, die im gewissen

Sinne die bloße Übung zur Gestalt einer Meditation erhebt, eigentlich zu einer *dynamischen Meditation*. Da geht es nicht bloß um eine bildhafte Vorstellung, einen mantrischen Spruch oder mantrische Worte, sondern darum, Gebärde, Wort, Vorstellung und Ätherstrom in einem Meditationsorganismus zusammenzubringen und die meditative Tätigkeit auf die *Verhältnisse* zwischen den Gliedern dieses Organismus zu richten. Die Ausführung der Übungen selbst wird zu einer mantrischen Gestalt, wird mantrisch komponiert, ähnlich wie die Worte in einem mantrischen Spruch komponiert sind. So wird die Herzübung zu einer dynamischen Meditation, zu einer Herzmeditation.

Es ist vielleicht schon deutlich geworden, daß diese Ausführung der Übung in drei Schritten sich auf drei Ebenen abspielt, auf der physischen, ätherischen und astralischen Ebene:

- die Haltungen auf der physischen Ebene – durch die Konzentration auf den Körper und die Naturwelt;
- die Sechs Übungen auf der Ätherebene – indem man die Übungen aus dem Gedächtnis herausholt und sie tatsächlich im Ätherleib wiederholt, also dieselben Übvorgänge erneut durchführt;
- die Ätherströme auf der Astralebene – sie werden nun bewußt ergriffen und als feine Gefühle oder Seelenstimmungen erlebt.

Der hier dargelegte Gesichtspunkt ist ein dynamischer, indem er den Blick auf das Zusammenwirken der einzelnen Elemente innerhalb der Herzübung, der Herzmeditation lenkt; es gibt aber auch einen mehr statischen Gesichtspunkt, den man von dem ersten klar unterscheiden sollte. Dieser zweite Gesichtspunkt öffnet den Blick auf das eigentliche Wesen der Herzübung selbst. Die Haltungen oder Stellungen liegen auf der physischen Ebene, die Ätherströme selbstverständlich auf der ätherischen Ebene und die Sechs Übungen, die sich auf die Seelenkräfte von Denken, Wollen und Fühlen beziehen, auf der

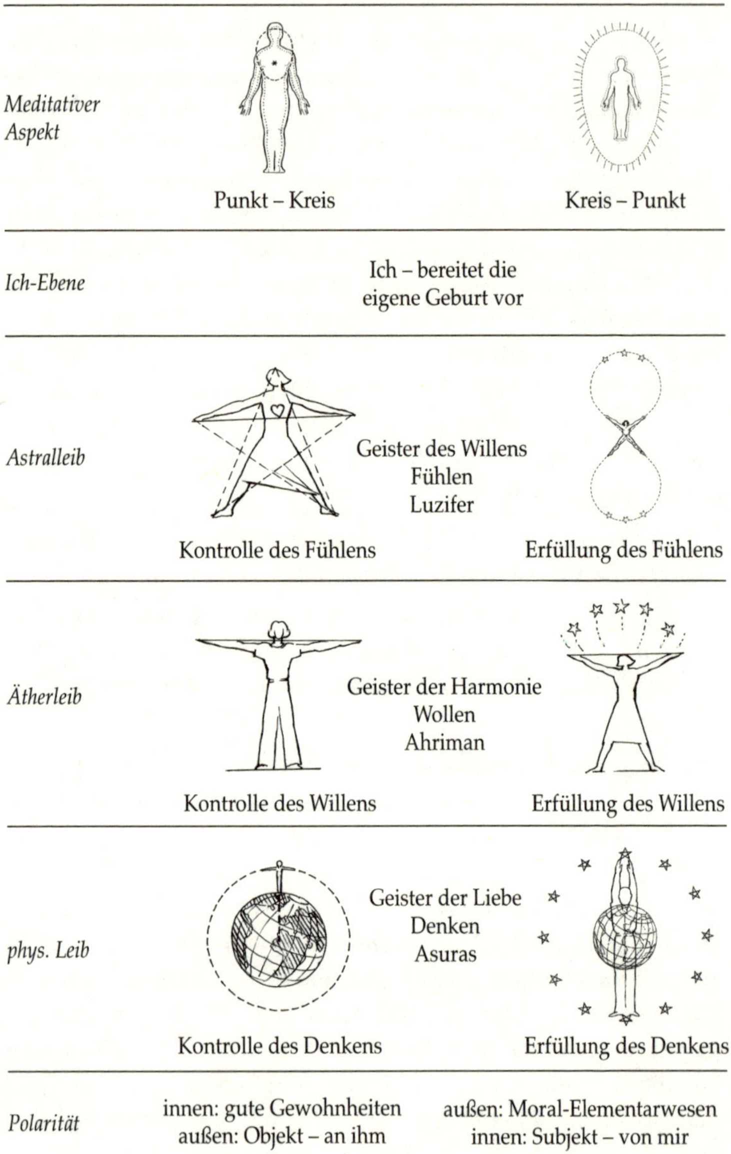

Abb. 30: Schematische Darstellung der Herzübung

Seelen- oder Astralebene. In der nebenstehenden schematischen Darstellung (siehe Abb. 30) wird der Organismus der Herzmeditation zusammengefaßt.

- Die verstärkten Seelenkräfte (Denken, Wollen, Fühlen) übertönen die Gegenkräfte: Asuras, Ahriman, Luzifer.
- Die Wesen der höchsten Hierarchie (Seraphim, Cherubim, Throne) helfen mit, den physischen, ätherischen und astralischen Leib in Geistesmensch, Lebensgeist und Geistselbst zu verwandeln.
- Die Haltungen zeigen die äußeren Bewegungsformen der inneren Denkformen der Übungen.
- Die «Kontrolle» des Denkens, Wollens und Fühlens wird «Erfüllung», wenn sich das gewöhnliche, alltägliche Bewußtsein zu intensivem Denken steigert und dadurch das normale Fühlen, Wollen und Denken sich mit reinem Denken erfüllen.
- Das Wesen der Sechs Übungen liegt in der Ichtätigkeit, die sich aus der rein geistigen Ebene zunächst nach innen richtet (Punkt), wo aber das Objekt der Aufmerksamkeit außen ist, und sich dann nach außen wendet (Kreis), zugleich aber auf die inneren Ergebnisse aufmerksam sein muß. (Siehe dazu auch den folgenden Abschnitt.)
- Durch die Konzentration auf äußere «Objekte» entstehen im Innen gute Seelengewohnheiten, im Außen entstehen Elementarwesen, die von moralischen Kräften durchdrungen sind. – Dies ist eine Ich-Übung.

*

An dieser Stelle sei auf zwei von Rudolf Steiner gegebene Übungen aufmerksam gemacht, auf welche die oben dargestellte Herzübung sich bezieht oder zu denen sie sogar eine

Variante darstellt. Die erste Übung – «Standhaft stelle ich mich ins Dasein ...» – erscheint in den *Anweisungen für eine esoterische Schulung* (neu in *Seelenübungen,* I) als eine der Hauptübungen; die zweite ist die Meditation «In mir ist Gott – Ich bin in Gott» aus dem *Heilpädagogischen Kurs* (GA 317), auch unter der Bezeichnung «Punkt/Kreis-Meditation» bekannt.

Die Übung «Standhaft stelle ich mich ins Dasein ...» erscheint als die dreizehnte im Teil «Hauptübungen» der *Anweisungen für eine esoterische Schulung* (eine Variante dazu ist die zwölfte Hauptübung). Diese für eine bestimmte Persönlichkeit gegebene Übung besteht in der gleichzeitigen Ausführung von mantrischem Wortlaut und körperlichen Haltungen (am Morgen) und wird durch die Rückschau auf die Tageserlebnisse am Abend ergänzt. Sie hat folgende Gestalt (GA 245, S. 62; neu: GA 267, S. 227):

«Standhaftigkeit:	linkes Bein
Sicherheit:	rechtes Bein
Kraft:	Herz
Liebe:	linker Arm
Hoffnung:	rechter Arm
Vertrauen:	Kopf

Standhaft stelle ich mich ins *Dasein:* konzentrieren auf linkes Bein
Sicher schreite ich die Lebensbahn: konzentrieren auf rechtes Bein
Kraft fließt mir ins Herz: konzentrieren auf das Herz
Liebe hege ich im Wesenskern: konzentrieren auf linken Arm
Hoffnung präge ich in jedes Tun: konzentrieren auf rechten Arm
Vertrauen lege ich in alles Denken: konzentrieren auf Kopf

Diese *Sechs* geleiten mich durchs *Dasein.*»

Diese Hauptübung gliedert sich in zwei Teile:

Die ersten drei Zeilen lenken die Aufmerksamkeit auf den unteren Teil des Körpers (Beine) sowie das Herz, die letzten drei auf den oberen Teil (Arme und Kopf). Dadurch ergeben sich folgende Polaritäten:

3. Kraft fließt mir ins Herz	↔	4. Liebe hege ich im Wesenskern
2. Sicher schreite ich die Lebensbahn	↔	5. Hoffnung präge ich in jedes Tun
1. Standhaft stelle ich mich ins Dasein	↔	6. Vertrauen lege ich in alles Denken

In dieser Struktur scheinen die Entsprechungen zu den Sechs Nebenübungen auf:

- Standhaft sich ins Dasein stellen – sachliches, dem Dasein gemäßes Denken, als denkendes Wesen;
- Sicher die Lebensbahn schreiten – Initiative des Handelns auf der Lebensbahn;
- Kraft ins Herz fließend – Gleichgewicht, Seelenharmonie;
- Liebe im Wesenskern – das Positive in der Welt sehen;
- Hoffnung in jedes Tun prägen – die Zukunft in die Tat hineinfließen lassen;
- Vertrauen in alles Denken legen – das Denken erkennt sich selbst.

Diese Sechs geleiten also den Übenden durchs Dasein und schützen ihn, ähnlich wie die Nebenübungen ihn durch die Hauptübungen geleiten und ihn schützen. Beidemale erlebt der Übende die Umwandlung der äußeren Haltung – Standhaftigkeit, Sicherheit, Kraft – in die innere christliche Haltung der Tugenden: Liebe, Hoffnung und Glaube (Vertrauen).

Die andere Übung wurde als eine Grundmeditation für diejenigen gegeben, die andere Menschen, zum Beispiel als Lehrer, erziehen.

«Die Menschen können im allgemeinen auf dem Gebiete der Pädagogik nichts erreichen, weil sie nicht ernsthaftig jemals eine Wahrheit in sich rege gemacht haben. Die besteht darin, daß Sie sich am Abend einleben in das Bewußtsein: In mir ist Gott, in mir ist Gott, oder der Gottesgeist, oder was immer – aber sich dieses nicht bloß theoretisch vorschwätzen, die Meditationen der meisten Menschen bestehen darin, daß sie sich etwas theoretisch vorschwätzen –, und am Morgen so, daß das hineinstrahlt in den ganzen Tag: Ich bin in Gott. – Bedenken Sie nur, wenn Sie diese zwei Vorstellungen, die ganz Empfindung, ja Willensimpulse werden, in sich rege machen, was Sie da eigentlich tun. Sie tun das, daß Sie dieses Bild vor sich haben: In mir ist Gott – und daß am nächsten Morgen Sie dieses Bild vor sich haben: Ich bin in Gott. – Das ist eines und dasselbe, die obere und untere Figur (siehe die Abbildung). Und Sie müssen einfach verstehen: das ist ein Kreis, das ist ein Punkt. Es kommt nur abends nicht heraus, es kommt nur morgens heraus. Morgens müssen Sie denken: das ist ein Kreis, das ist ein Punkt. Sie

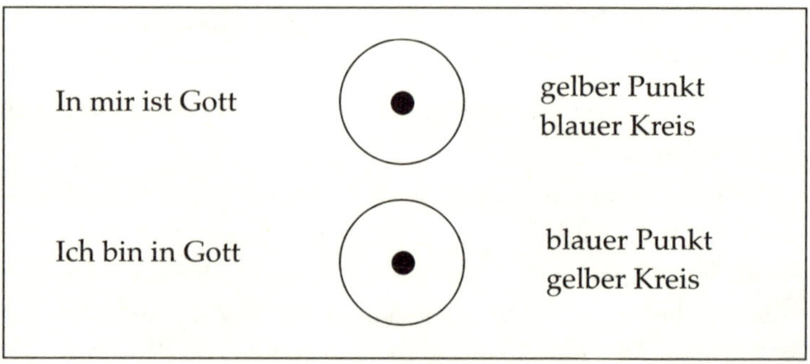

Abb. 31

müssen verstehen, daß ein Kreis ein Punkt, ein Punkt ein Kreis ist, und müssen das ganz innerlich verstehen.» (GA 317, S. 154.)

Die bildhafte Ausführung dieser Meditation kann auf zwei Arten erfolgen: als geometrische Umwandlung des Punktes in den Kreis und umgekehrt, und als eine farbige Verwandlung von Gelb in Blau und umgekehrt. Die folgenden Vorschläge – es gibt sicher auch andere Möglichkeiten – können dem Leser vielleicht hilfreich sein.

Bei der geometrischen Umwandlung kann man sich einen weißen Punkt und eine weiße Kreislinie auf schwarzem Hintergrund vorstellen. Wenn man versucht, den Punkt «auszudehnen» und gleichzeitig den Kreis zusammenzuziehen, werden sich beide Linien irgendwo in der «Mitte», die aber nicht die Hälfte der Distanz zwischen ihnen ist, für einen Augenblick decken: die äußere Grenze des «Punktes» wird identisch mit dem Kreis. Danach wird der Kreis zum Punkt zusammenschrumpfen, während der Punkt immer größer wird.

Die farbige Ausführung geschieht wie oben; man stellt sich den immer größer werdenden gelben Punkt und die immer kleiner werdende blaue Kreislinie vor, bis sie sich decken. An dieser Stelle wird ein grüner Kreis erscheinen, der zugleich dem Punkt und dem ursprünglichen Kreis angehört. Danach wird sich aus diesem grünen Kreis nach außen ein gelber Kreis und nach innen ein blauer Punkt ergeben. Dasselbe führe man dann auch in umgekehrter Richtung aus.

Diese Meditation ist zugleich eine Wort- und eine Bildmeditation; und beide sind noch einmal in sich gegliedert. Sie soll also auf zwei Ebenen durchgeführt werden: begrifflich und bildhaft, jedoch so, daß jeweils die eine Hälfte in die andere umgewandelt, metamorphosiert wird, mit dem Ziel, beide Hälften als ein und dasselbe zu erleben.

Die erste Hälfte stellt das Tageserleben dar, in Worten: «In mir ist Gott», ich fühle das Ichhafte in mir drinnen – und im Bild:

der Ichpunkt (gelb) in der Mitte meines Leibes (blauer Kreis). Dieses Erlebnis muß dann mit in den Schlaf hineingenommen werden. Die zweite Hälfte zeigt das Nachterleben: «Ich bin in Gott» – während des Schlafes ist mein (blauer) Ichpunkt in der geistigen Welt, innerhalb des Gottesgeistes (gelber Kreis); das muß man ins Tagesbewußtsein herübertragen. Diese zwei Teile der Meditation entsprechen den beiden Wahrnehmungen der menschlichen Wesensglieder nach innen und nach außen, wie sie schon im Kapitel «Methodische Gesichtspunkte» dargestellt wurden.[5]

Die eigentliche Meditation besteht also darin, daß man am Morgen beziehungsweise am Abend die eine Hälfte in die andere *umstülpt, metamorphosiert,* will man sie richtig ausführen und nicht nur sich «etwas theoretisch vorschwätzen». Damit steigt diese Wort- und Bildmeditation zu einer *dynamischen* Meditationsebene auf, auf der sich alles, was auch in der «Herzübung» und in der «Standhaft ...»-Übung zusammengefaßt ist, auf einen Metamorphoseprozeß hin konzentriert. In diesem Sinne sind auch die letzten zwei Übungen *dynamische Meditationen.*

* *
*

5 Vergleiche dazu auch die ähnliche Darstellung der Wesensglieder im Vortrag vom 30. Juni 1924, ebenfalls im *Heilpädagogischen Kurs* (GA 317).

VIERTER TEIL: DAS NEUE DENKEN MIT DEM HERZEN

Die Logik des Denkens ist vereinbar mit dem stärksten Egoismus.
Die Logik des Herzens ist imstande, allmählich
allen Egoismus zu überwinden und alle Menschen zu
Teilnehmern einer Menschengemeinschaft zu machen.

Rudolf Steiner

DAS HERZDENKEN BEI RUDOLF STEINER

Der Mensch als geistig-irdisches Wesen ist ein Gedankenwesen, und sein Bewußtsein ist ein Denkbewußtsein, das auf zwei Ebenen wirkt: im Schlafzustand und im Wachzustand.

Während der Menschheitsevolution, vom Abstieg aus der geistigen Welt ins Erden-Dasein bis zur vollkommenen Rückkehr in das Sein der geistigen Welt, entwickelt der Mensch als sich inkarnierendes Wesen nur zwei Arten des Denkens.

Ihrem Urwesen sowie ihren physischen Denkorganen nach sind diese Denkarten so zu charakterisieren: die erste ist ein rein logisches, lineares, totes, schattenhaftes und von den Sinneswahrnehmungen abhängiges Denken, das bis heute als das normale, gewöhnliche Denken gilt; die zweite ist ein «überlogisches», rhythmisches oder wellenartiges, lebendiges und selbständiges Denken, das neu ist und sich in der Zukunft zum normalen, allgemeinen Denken entwickeln wird. Das erste Denken erscheint im Vergleich mit dem zweiten als ein passives und betrachtendes, während das zweite als ein aktives, schöpferisches Denken auftreten wird.

Diese zwei Denkfähigkeiten unterscheiden sich voneinander nach Art und Wesen, und bei jeder kann man verschiedene Grade von Vollkommenheit unterscheiden. Die Grade der Vollkommenheit in der Entwicklung des neuen Denkens sind von Rudolf Steiner als Imagination, Inspiration und Intuition bezeichnet worden.

Der Begriff «denken» bezieht sich üblicherweise nur auf das logische Denken. Dieses Denken ist der dritte und höchste Grad des «alten» Denkens. Für die anderen zwei Grade sind keine allgemein anerkannten Bezeichnungen bekannt (sie darzustellen würde den Rahmen dieses Kapitels sprengen).

Von den zahlreichen Aspekten, unter denen die zwei Denkweisen betrachtet werden können, seien hier nur die folgenden angeführt:

In der Bibel erscheinen die zwei Denkweisen als die zwei Paradiesesbäume: als Baum der Erkenntnis des Guten und des Bösen – dadurch daß der Mensch von den Früchten dieses Baumes aß, trat er ins Dasein und wurde sterblich (Genesis, 1. Moses 2 und 3) – und als der Baum des Lebens – indem der Mensch von den Früchten dieses Baumes ißt, wird er instand gesetzt, den Tod zu überwinden und in das Neue Jerusalem, das neue Paradies, aufzusteigen (Apokalypse, 1. und 22. Kapitel).

In der Geisteswissenschaft Rudolf Steiners spricht man von vier universalen Kräften des Ätherischen, von vier Ätherarten. Die zwei niedrigen Ätherarten – Wärmeäther und Lichtäther – liegen den Prozessen des logischen Denkens zugrunde, während die zwei höheren – Klangäther und Lebensäther – den Prozessen des überlogischen Denkens zugrundeliegen.

Unter anatomischen und physiologischen Aspekten betrachtet, dient das Gehirn mit dem Nervensystem dem logischen Denken, während das rhythmische System (Herz und Lungen) dem überlogischen Denken dient.

Im Gehirn und im Nervensystem sind die materiell-stofflichen Neuronen die Bausteine für die Struktur der Denkprozesse. Die entsprechenden «Bausteine» des rhythmischen Systems sind die Wellen und Schwingungen, die Rhythmen von Pulsschlag und Atem, also nicht stoffliche Einheiten, sondern die *reinen Formen* der Prozesse – abgesehen von den stofflichen Teilchen, die von diesen Wellen getragen werden.

Das neue, überlogische Denken ist ein rein geistiges Denken. Es wurde zum ersten Mal von Christus aus der geistigen Welt auf die Erde gebracht und durch die Tat auf Golgatha der Erde eingepflanzt. Es ist das Logos-Denken, in dem das gewöhnliche, logische Denken auferstehen wird; es ist das rein christliche Denken.

Dieses Denken erschien zum ersten Mal vollkommen bewußt und selbständig als reine Tätigkeit des Ätherleibes bei Rudolf Steiner. Dieser Denktätigkeit diente als Organ das Herz, das heißt die Physiologie von Atmung und Blutkreislauf, anstelle des Gehirns. Daher kann dieses Denken als Ätherleibdenken oder als Herzdenken bezeichnet werden:

«Dieses Buch, ‹Die Philosophie der Freiheit›, ist nicht so wichtig durch das, was drinnen steht. Natürlich, das, was drinnen steht, das wollte man schon auch dazumal der Welt sagen, aber das ist nicht das Allerwichtigste, sondern das Wichtige bei diesem Buche ‹Die Philosophie der Freiheit› ist, daß zum ersten Mal ganz und gar selbständiges Denken in diesem Buche ist. Kein Mensch kann das Buch verstehen, der nur unselbständig denkt. Er muß sich Seite für Seite, ganz von Anfang an, daran gewöhnen, zurückzugehen zu seinem Ätherleib, um solche Gedanken überhaupt haben zu können, wie sie in diesem Buche sind.» (GA 350, S. 150.)

Dieses Denken wurde von Rudolf Steiner mit verschiedenen Ausdrücken bezeichnet, die sein Wesen von verschiedenen Seiten her charakterisieren und jeweils auf den Imaginations-, Inspirations- oder Intuitionsaspekt hindeuten, zum Beispiel: organisch-lebendig, lebendig, künstlerisch, intuitiv, musikalisch, morphologisch, mit dem Herzen oder mit der Brust denkend, mit dem Ätherleib denkend, das Michaelhafte in die Herzen einfließen lassend.*

* Eine ausführliche Darstellung des Wesens und der Gesetze dieses Denkens wird in meinem für 1998 vorgesehenen Buch *Das Erwecken des Herz-Denkens* versucht.

Rudolf Steiner hat diese Denkweise völlig bewußt und konsequent gehandhabt, und er hat seine «lebendigen» Gedanken unmittelbar aus dem Herzen heraus, aus dem Ätherleib heraus ausgestrahlt. Die meisten Empfänger seiner auf diese Weise vermittelten Gedanken konnten diese aber nur als eine Art Gefühle, als geistige Wärme oder als Herzenswärme entgegennehmen und nicht als Gedanken oder begriffliche Inhalte erkennen. Damit sie dennoch als solche erkennbar würden, mußte Rudolf Steiner dieses Herzdenken notwendigerweise in «Gehirndenken», also in logisches Denken übertragen und die Herzsprache in normale deutsche Sprache übersetzen: «So muß der Geistesforscher, wenn er das mit dem Herzen Erlebte mitteilen will, es kleiden in die Sprache des logischen Denkens.» (GA 119, S. 234.)

Zwei Denkarten und zwei «Sprachen» wurden also von Rudolf Steiner verwendet: auf der physischen Ebene das logische Denken und die deutsche Sprache; auf der ätherischen Ebene das universale, allgemein menschliche Herzdenken und die allgemein menschliche Herzsprache. Diese können heute als eine höhere, wenn auch noch verhüllte Ebene über oder hinter den Wortlauten beziehungsweise den Inhalten seiner Schriften und Vorträge wahrgenommen und erkannt werden.

Die Tatsache, daß das Herzdenken seinem Wesen nach ganz und gar anders ist als das Gehirndenken, ist der Grund, warum die meisten Menschen es gar nicht wahrnehmen können, denn es ist mit dem normalen Denkbewußtsein nur sehr schwer nachzuvollziehen. Um es richtig erfassen zu können, muß man zunächst die ihm gemäßen Organe im physischen Leib und die entsprechenden Denkfähigkeiten entwickeln. Diese Voraussetzungen sind bei den meisten Menschen noch nicht gegeben. Das geht auch aus den folgenden Berichten hervor, die Zeugnis ablegen von dem Herzdenken Rudolf Steiners:

«Mein Mann fragte den Meister (Rudolf Steiner), wie es käme, daß die meisten Zuhörer bei seinen Vorträgen schläfrig würden. Da antwortete der Meister, daß dies begreiflich sei infolge der schweren, ungewohnten Gedankengänge.» (Klima, S. 282.)

«Das, was ich hier skizziere, ist keine Einbildung: es ist eine Tatsache, die von Dutzenden, von Hunderten von Zuhörern mit einer Erfahrung aus vielen verschiedenen Vorträgen bestätigt wurde; ‹es› begann nicht gleich beim ersten Vortrag: ‹es› begann erst später; und schließlich wurde ‹es› überwunden: man erlangte die Fähigkeit, mit zwei Paar Ohren zu hören, mit zwei Paar Augen zu sehen und auf zweierlei Weisen zu begreifen. Zahlreiche naive Zuhörer auf dem Höhepunkt seelischer Erschütterung wurden ausgerechnet in den Momenten starker Anspannung von einem unwiderstehlichen Schlafbedürfnis überwältigt; diese naiven Zuhörer schliefen dann ein, nicht aus mangelnder Aufmerksamkeit, sondern aus übersteigerter Aufmerksamkeit, die die eigentlichen, noch ungenügend entwickelten Aufmerksamkeitskräfte erschöpften; bei internen Vorträgen des Doktors [Rudolf Steiner] konnte nur eine durch meditative Praxis gestärkte Aufmerksamkeit durchhalten; ohne eine solche Vorübung wurde man einfach vom Schlaf überwältigt; auch das ist eine durch Hunderte von Beispielen belegte Tatsache; es bildete sich sogar eine Tradition heraus: die Eingeschlafenen, die sich nachher schämten, zu trösten: ‹Beruhigen Sie sich, das ist kein gewöhnlicher Schlaf; und der Doktor wird es Ihnen bestimmt nicht übelnehmen, die anderen finden auch nichts dabei; es war bei allen so.› Auch ich wurde einmal so getröstet; und so tröstete ich andere. Dies wurde durch eine Verschiebung in den Rhythmen des Ätherleibes erklärt, der sich erst allmählich der starken Dosis Steiners anpaßte.» (Belyj, S. 162f.)

* *
*

DIE ZWEI WEGE DER ESOTERIK BEI RUDOLF STEINER

Die sechs Nebenübungen, die in ihrer Gesamtheit die Herzübung bilden, wurden von Rudolf Steiner zuerst in *Wie erlangt man Erkenntnisse der höheren Welten?* (1904) dargestellt, dann in *Die Stufen der höheren Erkenntnis* (1905) und schließlich noch einmal in *Die Geheimwissenschaft im Umriß* (1909). Nachdem er sie zum dritten Mal im fünften Kapitel der *Geheimwissenschaft*, «Die Erkenntnis der höheren Welten», geschildert hatte, wies er im selben Kapitel auf zwei Schulungswege hin für den gesunden und sicheren Eintritt in die höheren Welten durch das Erlangen eines «sinnlichkeitsfreien Denkens» und der «inneren Gediegenheit der imaginativen Erkenntnis». Der folgende Passus gibt den letzten Absatz im dritten Teil des genannten Kapitels wieder. Diesen ganzen Absatz hat Rudolf Steiner in Klammern gesetzt. Man soll jedoch nicht denken, daß das, was darin gesagt ist, weniger wichtig sei, das Gegenteil ist der Fall. Immer wieder erscheinen bei Rudolf Steiner wichtigste Aussagen etwas verhüllt in Vor- oder Nachworten oder in Klammern.

«(Es ist der Weg, welcher durch die Mitteilungen der Geisteswissenschaft in das sinnlichkeitsfreie Denken führt, ein durchaus sicherer. Es gibt aber noch einen andern, welcher sicherer und vor allem genauer, dafür aber für viele Menschen schwieriger ist. Er ist in meinen Büchern ‹Erkenntnistheorie der Goetheschen Weltanschauung› und ‹Philosophie der Freiheit› dargestellt. Diese Schriften geben wieder, was der menschliche Gedanke sich erarbeiten kann, wenn das Denken sich nicht den Eindrücken der physisch-sinnlichen Außen-

welt hingibt, sondern nur sich selbst. *Es arbeitet dann das reine Denken, nicht das bloß in Erinnerungen an Sinnliches sich ergehende in dem Menschen, wie eine in sich lebendige Wesenheit. Dabei ist in den genannten Schriften nichts aufgenommen aus den Mitteilungen der Geisteswissenschaft selbst. Und doch ist gezeigt, daß das reine, nur in sich arbeitende Denken Aufschlüsse gewinnen kann über die Welt, das Leben und den Menschen. Es stehen diese Schriften auf einer sehr wichtigen Zwischenstufe zwischen dem Erkennen der Sinnenwelt und dem der geistigen Welt. Sie bieten dasjenige, was das Denken gewinnen kann, wenn es sich erhebt über die sinnliche Beobachtung, aber noch den Eingang vermeidet in die Geistesforschung. Wer diese Schriften auf seine ganze Seele wirken läßt, der steht schon in der geistigen Welt; nur daß sich diese ihm als Gedankenwelt gibt. Wer sich in der Lage fühlt, solch eine Zwischenstufe auf sich wirken zu lassen, der geht einen sicheren Weg; und er kann sich dadurch ein Gefühl gegenüber der höheren Welt erringen, das für alle Folgezeit ihm die schönsten Früchte tragen wird.)»* (GA 13, S. 343 f.)

Der hier genannte Weg, der «durch die Mitteilungen der Geisteswissenschaft in das sinnlichkeitsfreie Denken führt» und für den die Ausführung der Nebenübungen die unabdingbare Voraussetzung ist – er wird im folgenden der «erste (Schulungs-)Weg» genannt –, wird von Rudolf Steiner selbst *nicht* als der gründlichere betrachtet; er nennt vielmehr einen «andern Weg» – im folgenden der «zweite (Schulungs-)Weg» genannt –, welcher «sicherer» ist (weil er die Gefahr bloß subjektiver Vorstellungen vermeidet), «genauer» (weil er unmittelbar auf dem objektiven reinen Denken basiert) und «schwieriger» (weil er bis in den tiefsten Wesenskern des Menschen, bis in sein reines Denken führt). Von diesem Weg, den Rudolf Steiner als erster eingeschlagen hat, «erzählt» er in seiner *Philosophie der Freiheit.* Er ist in gewissem Sinne der «moderne» Weg, auf dem die Fähigkeit des Herzdenkens unmittelbar und am gründlichsten entwickelt werden kann. Auf beiden Wegen können sich die

Chakras entwickeln, auf dem zweiten, ohne daß direkt davon gesprochen wird (siehe die Fußnote auf S. 183).

Wie soll man diese Bewertung Rudolf Steiners verstehen? Im Folgenden wird versucht, aus zwei sich gegenseitig ergänzenden Richtungen diesen bedeutenden Passus aus der *Geheimwissenschaft* zu beleuchten. Zunächst sollen einige Stellen daraus näher betrachtet, sodann vier entscheidende Unterschiede zwischen beiden Wegen herausgearbeitet werden.

I.

Als erstes ist zu bemerken, daß schon der erste Weg «in das sinnlichkeitsfreie Denken führt». Er führt dorthin aber *durch* die «Mitteilungen der Geisteswissenschaft». Das heißt, daß der Geistesforscher – nicht der Leser oder Geistesschüler – diese Gedanken zuerst «gedacht», gleichsam vor-gedacht hat, wie er auch die Gedankenverbindungen und Gedankenformen geschaffen und danach in die Sprachformen eingekleidet hat, in die eigentlichen «Mitteilungen». Will sich der Geistesschüler diese Mitteilungen zum «Eigentum seines Denkens» machen (GA 13, S. 340), muß er die Gedanken sowie ihre Verbindungen und Formen, wie sie der Mitteilende gebildet hat, *nachahmen*. Er wird dies in den meisten Fällen tun, ohne sich bewußt zu machen, daß er, ähnlich wie ein Kind das ihm aus der Umgebung Entgegengebrachte, bloß das Denken des Geistesforschers nachahmt und daß sein eigenes Denken noch nicht in gleicher Weise selbständig und schöpferisch ist. Doch wird sich der Schüler gerade durch diese Nachahmungstätigkeit allmählich an das sinnlichkeitsfreie Denken *gewöhnen*. Wenn er auch die Beobachtungen in der geistigen Welt nicht selbst gemacht hat – das hat der Verfasser der Mitteilungen getan –, gelangt er durch diese nachahmende Denktätigkeit doch tatsächlich in das sinnlichkeitsfreie Denken. Diese Art der Denktätigkeit bildet die erste, einführende Stufe des sinnlichkeitsfreien Denkens; sie ist die anfängliche Form dieses Denkens.

Die zweite Stufe des sinnlichkeitsfreien Denkens besteht nun darin, daß der Schüler die einzelnen Gedanken, Gedankenverbindungen und -formen selbst erschafft, und zwar aufgrund der selbst angestellten *Beobachtung des eigenen Denkens*. Damit wird das Denken ein solches, daß es «sich nicht den Eindrücken der physisch-sinnlichen Außenwelt hingibt» – zu diesen Eindrücken gehören auch die Mitteilungen der Geisteswissenschaft in den Büchern Rudolf Steiners –, «sondern *nur sich selbst*». Auf dieser Stufe entfacht sich das Denken nicht mehr an der physischen Welt, aber auch noch nicht an der geistigen Welt, sondern ist nur auf das gerichtet, was als einziges sowohl in der physischen als auch in der geistigen Welt gleichermaßen existiert, nämlich auf sich selbst. Das ist zugleich die erste Stufe des *reinen* Denkens, das heißt des von den Sinneseindrücken gereinigten Denkens.

Auf der dritten Stufe nimmt das sinnlichkeitsfreie Denken die geistige Welt selbst wahr. Auf dieser höchsten Stufe erlebt es in sich selbst die geistigen Wesenheiten, die in ihrer Gesamtheit als eine «Welt» ergriffen werden. Obwohl das Denken diese Welt wahrnimmt, ist sie trotzdem nicht *außer* ihm, sondern sie ist *innen* in ihm, und es ist in ihr. (Dies bezieht sich selbstverständlich auf den Geistesschüler nicht als Naturwesen, sondern als Geist-, als Denkwesen.) Das sinnlichkeitsfreie Denken ist jetzt, auf dieser dritten Stufe, ein aktives Glied der geistigen Welt geworden und kann sich berechtigterweise an der schöpferischen Kraft des Geistes beteiligen: *es ist ein schöpferisches Denken.*

Als nächstes ist zu bemerken, daß der zweite Weg *unmittelbar* in die geistige Welt führt, denn «wer diese Schriften auf seine ganze Seele wirken läßt, der steht schon in der geistigen Welt»; auf diesem Wege wird es durchaus unentbehrlich, das sinnlichkeitsfreie Denken zu verwenden, denn dieses allein «erhebt sich über die sinnliche Beobachtung». Bemerkenswert ist, daß der erste Weg dem Kali-Yuga angemessen war, dem historischen Zeitraum von 3101 v. Chr. bis 1899, als der Mensch das Denken bis in die Sinnlichkeit in den Tiefen des Materialismus sinken ließ und es den logischen Gesetzen unterwarf. Der zweite Weg aber entspricht dem Licht-Yuga, das mit dem Jahr 1900 begann, der modernen Zeit, in welcher der Mensch wieder in die geistige Welt wird aufsteigen können – aber nur dann, wenn er das sinnlichkeitsfreie Denken, das Christus in die Menschenherzen eingepflanzt hat, ausbilden und benutzen wird. Unter dem Gesichtspunkt des Verhältnisses der zwei Wege zueinander bedeutet dies, daß allmählich der erste Weg in den zweiten Weg einmünden wird, weil nach und nach die Schwelle zur geistigen Welt von allen Menschen überschritten wird (siehe die Zeichnungen S. 15 und S. 192).

*

Die Bezeichnung «Zwischenstufe» erfordert eine feinere Betrachtung. Sie hat zu dem weit verbreiteten Mißverständnis geführt, Rudolf Steiner habe mit seiner *Philosophie der Freiheit* bloß eine erkenntnistheoretische Grundlage für seine geisteswissenschaftlichen Schriften, also auch für den esoterischen – den ersten – Schulungsweg schaffen wollen. Das Wort «Zwischenstufe» bezieht sich in diesem Zusammenhang zwar auf ein Erkennen «zwischen dem Erkennen der Sinnenwelt und dem der geistigen Welt», bezeichnet also ein *mittleres* Erkennen; doch die damit gemeinte Denktätigkeit bezieht sich zugleich auf die Schulung, durch welche die besonderen Denkfähigkeiten und die geistigen Denkorgane ausgebildet werden, welche das völlig bewußte, wache Wahrnehmen und Leben in der geistigen Welt möglich machen. Für eine esoterische Schulung ist aber die *Philosophie der Freiheit* – wie auch ihre erkenntnistheoretische Einführung, die *Grundlinien einer Erkenntnistheorie der Goe-*

theschen Weltanschauung – das Lehrbuch, von dem es heißt, daß sich der Schüler «Seite für Seite, ganz von Anfang an, daran gewöhnen (muß), zurückzugehen zu seinem Ätherleib, um solche (sinnlichkeitsfreien) Gedanken überhaupt haben zu können, wie sie in diesem Buche sind. Deshalb ist dieses Buch ein Erziehungsmittel – es ist ein sehr wichtiges Erziehungsmittel –, und als solches muß man es auffassen.» (GA 350, S. 150.) Damit werden diese Bücher als die Lehrbücher für die unmittelbare, wirkliche Ausbildung des selbständigen, sinnlichkeitsfreien Denkens charakterisiert.

Der erste Weg stellte in der Vergangenheit die esoterische Schulung für die Belebung der Chakras und das Erwachen der Kundalini dar; heute ist er, in seiner von Rudolf Steiner erneuerten Form, eine mögliche und durchaus gerechtfertigte esoterische *Vorschulung* für die eigentliche Schulung des Herzdenkens, das sich in drei Stufen – Imagination, Inspiration und Intuition – entwickeln wird. Der zweite Weg eröffnet heute die wirklich zeitgemäße esoterische Schulung, in die der moderne Mensch unmittelbar eintreten kann. Er kann mit diesem zweiten Weg aber auch die «Vorschulung» direkt verbinden, denn diese kann nicht nur als eine vorbereitende, sondern auch als eine mithelfende Schulung dienen. Es sei in diesem Zusammenhang angemerkt, daß die abschließenden Worte des Passus sich nicht auf den ersten Weg, den von *Wie erlangt man Erkenntnisse der höheren Welten?* beziehen, sondern ausschließlich auf den zweiten Weg, den der *Philosophie der Freiheit*, wo der Schüler, der «solch eine Zwischenstufe auf sich wirken» läßt, «ein Gefühl gegenüber der höheren Welt erringen (kann), das für alle Folgezeit ihm die schönsten Früchte tragen wird», während das auf dem ersten Weg errungene Gefühl nur noch für einen beschränkten Zeitraum fruchtbar sein wird. Mit dem Ausdruck «für alle Folgezeit» weist Rudolf Steiner auf den ganzen Entwicklungszeitraum bis zum Ende der meßbaren Zeit hin, bis nämlich diese Entwicklung in dem – biblisch ausgedrückt –

«Neuen Jerusalem» oder – geisteswissenschaftlich ausgedrückt – dem Jupiter-Zustand der Erde erfüllt sein wird. Die geistigen Wahrnehmungsorgane, die Chakras, werden einmal vollkommen geworden sein, aber die Ausbildung und die schöpferische Kraft des Herzdenkens werden bis zum Ende der Erdenzeit immer mehr zunehmen.

Die Zeichnung auf Seite 15 kann sich in diesem Zusammenhang auf folgende Weise verwandeln: Der Abstieg des Menschen aus der Geistwelt auf die Erde (linke Seite) endet im Kali-Yuga und im rein logischen Denken; der Aufstieg des Menschen in die Geisteswelt (rechte Seite) beginnt im Licht-Yuga mit dem Erwecken und der Ausbildung des Herzdenkens. Der Anstoß für die Umkehrung der Entwicklungsrichtung wurde im Jahr 1879 gegeben; die Umkehr setzte dann im Jahr 1900, nach dem Ende des Kali-Yuga im Jahr 1899, mit Kraft ein. Der Zeitraum dieser Umkehrung, der auch unsere Gegenwart mit überspannt, ist das «Micha-El-Zeitalter».

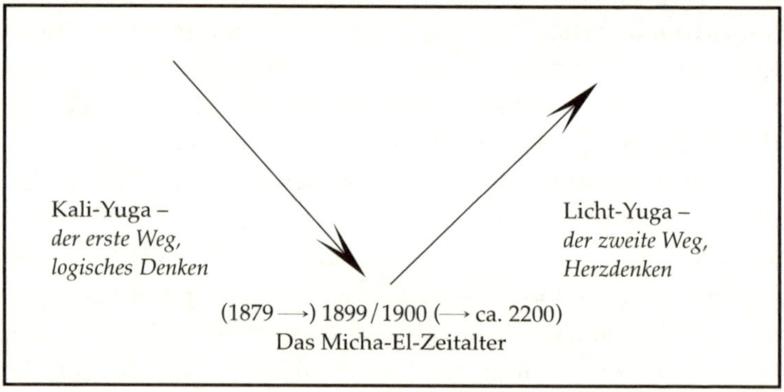

*

Die *Philosophie der Freiheit* kann also auf zwei Ebenen gelesen werden: auf einer exoterischen und einer esoterischen. Exoterisch kann man die *Philosophie der Freiheit* – dem gewohnten Sinn des Titels entsprechend – als eine philosophische Abhandlung lesen, zu deren Verständnis nur das logische Denken und das gewöhnliche Bewußtsein erforderlich sind; esoterisch kann man sie als ein «sehr wichtiges Erziehungsmittel» benutzen, um das «selbständige Denken» zu schulen und die Denkfähigkeit des Ätherleibes auszubilden: das ätherische Denken, das Herzdenken. Die Meinung, daß dieses Buch bloß eine erkenntnistheoretische Abhandlung sei, ist einseitig, weil sie das Ziel, für das dieses Lehrbuch geschrieben wurde, verkennt, nämlich das Erwecken und die Schulung des Herzdenkens auf dem direkten, «sichereren» und «genaueren» Schulungsweg. Für diese Schulung sind im Grunde die «Mitteilungen der Geisteswissenschaft» nicht unbedingt nötig, denn gerade durch diese Schulung wird der Mensch, der sich ihr unterzieht, selbst zu einem Forscher *innerhalb* der Geisteswelt und damit selbst fähig, die Ergebnisse seiner Forschungen mitzuteilen.

*

Das Wort «Philosophie» im Titel des grundlegenden Lehrbuchs für den zweiten Schulungsweg ist nicht nur im erkenntnistheoretischen Sinn als «Liebe zur Weisheit», zur Erkenntnis zu verstehen, sondern vor allem im Sinne einer geistigen Schulung, in deren Verlauf sich der Schüler in Liebe (philo) mit dem lebendigen Weisheitswesen (*sophia*) vereinigt. Dann wird sich das Denken des Schülers sowohl von den sinnlichen als auch von den geistigen Wahrnehmungsorganen unabhängig machen – also seinen wahrnehmenden, betrachtenden, anschauenden, wissenschaftlichen Charakter überwinden – und sich in ein selbständiges, lebendig-ätherisches, schöpferisches, künstlerisches Denken verwandeln. Dieses Denken ist zugleich Wille; es ist zugleich willenshaftes Denken und denkender Wille.

*

Man könnte gegen das bisher Gesagte einwenden, Rudolf Steiner habe in der Vorrede zur *Philosophie der Freiheit* ja selbst geschrieben, «daß man in diesem Buche noch keinen Hinweis findet auf das Gebiet der geistigen Erfahrungswelt, das in späteren Schriften von mir zur Darstellung gekommen ist», und daß er «eben nicht eine Schilderung geistiger Forschungsergebnisse geben, sondern erst die Grundlage erbauen wollte, auf der solche Ergebnisse ruhen können» (GA 4, S. 9). Man kann das so verstehen, daß die *Philosophie der Freiheit* keineswegs ein Lehrbuch für eine esoterische Schulung sein solle. Zunächst scheint also der Einwand berechtigt, doch wird er wegfallen müssen, wenn man diese Worte im Lichte der Ausführungen sieht, welche die *Philosophie der Freiheit* abschließen. Sie enthalten den Schlüssel zu diesem Werk Rudolf Steiners, wie auch für die vorliegende Darstellung; daher sei der ganze Absatz hier wiedergegeben.

«Damit ist in dem Denken das Element gekennzeichnet, durch das der Mensch in die Wirklichkeit sich geistig hineinlebt. (Und niemand sollte eigentlich diese auf das erlebte Denken gebaute Weltanschauung mit einem bloßen Rationalismus verwechseln.) Aber andrerseits geht doch wohl aus dem ganzen Geiste dieser Darlegungen hervor, daß das Wahrnehmungselement für die menschliche Erkenntnis eine Wirklichkeitsbestimmung erst erhält, wenn es im Denken ergriffen wird. *Außer* dem Denken kann die Kennzeichnung als Wirklichkeit nicht liegen. Also darf nicht etwa vorgestellt werden, daß die sinnliche Art des Wahrnehmens die einzige Wirklichkeit verbürge. Was als Wahrnehmung auftritt, das muß der Mensch auf seinem Lebenswege schlechterdings *erwarten*. Es könnte sich nur fragen: darf aus dem Gesichtspunkte, der sich bloß aus dem intuitiv erlebten Denken ergibt, berechtigt *erwartet* werden, daß der Mensch außer dem Sinnlichen auch Geistiges *wahrnehmen* könne? Dies darf erwartet werden. Denn, wenn auch *einerseits* das intuitiv erlebte Denken ein im Menschengeiste sich vollziehender tätiger Vorgang ist, so ist es *andererseits* zugleich eine geistige, ohne sinnliches Organ erfaßte Wahrnehmung. Es ist eine Wahrnehmung, in der der Wahrnehmende selbst tätig ist, und es ist eine Selbstbetätigung, die zugleich wahrgenommen wird. Im intuitiv erlebten Denken ist der Mensch in eine geistige Welt auch als Wahrnehmender versetzt. Was ihm innerhalb dieser Welt als Wahrnehmung so entgegentritt wie die geistige Welt seines eigenen Denkens, das erkennt der Mensch als geistige Wahrnehmungswelt. Zu dem Denken hätte *diese* Wahrnehmungswelt dasselbe Verhältnis wie nach der Sinnenseite hin die sinnliche Wahrnehmungswelt. Die geistige Wahrnehmungswelt kann dem Menschen, sobald er sie erlebt, nichts Fremdes sein, weil er im intuitiven Denken schon ein Erlebns hat, das rein geistigen Charakter trägt. Von einer solchen geistigen Wahrnehmungswelt sprechen eine Anzahl der von mir nach diesem Buche veröffentlichten Schriften. ...» Nun folgen die Sätze, auf die es im vorliegenden Zusammenhang besonders ankommt. «... Diese ‹Philosophie der Freiheit› ist die philosophische Grundlegung für diese späteren Schriften. Denn in diesem Buche wird versucht, zu zeigen, daß richtig verstandenes Denk-Erleben schon Geist-Erleben *ist*. Deshalb scheint es dem Verfasser, daß derjenige nicht vor dem Betreten der geistigen Wahrnehmungswelt haltmachen wird, der in vollem Ernste den Gesichtspunkt des Verfassers dieser ‹Philosophie der Freiheit› einnehmen kann. Logisch ableiten – durch Schlußfolgerungen – läßt sich aus dem Inhalte dieses Buches allerdings nicht, was in des Verfassers späteren Büchern dargestellt ist. Vom lebendigen Ergreifen des in diesem Buche gemeinten intuitiven Denkens wird sich aber naturgemäß der weitere lebendige Eintritt in die geistige Wahrnehmungswelt ergeben.» (GA 4, S. 255 ff.)

Das hier als «intuitiv» bezeichnete Denken ist also nicht das gewöhnliche logische Denken; man kann vielmehr darunter das verstehen, was Rudolf Steiner später das *Herzdenken* genannt hat. Liest man die *Philosophie der Freiheit* mit diesem Herzdenken, erschließt sie sich als esoterisches Lehrbuch für den zweiten Schulungsweg. Liest man die *Philosophie der Freiheit* nur mit dem logischen *Kopfdenken*, bleibt sie eine zwar wichtige, aber eben doch nur eine «philosophische» Schrift, zu der die meisten Menschen sich nicht besonders hingezogen fühlen werden. Mit dem logischen Denken wird der Leser selbstverständlich gar keine «Schilderung geistiger Forschungsergebnisse» (GA 4, S. 9, Vorrede) darin finden können – der Verfasser selbst hat es gesagt. Um darauf aufmerksam zu machen, auf welche Weise die *Philosophie der Freiheit* gelesen werden müsse – aber nicht gelesen wurde –, erweiterte Rudolf Steiner seine Schrift mit den «Zusätzen zur Neuauflage (1918)».

In diesen Zusätzen zur zweiten, endgültigen Auflage vom Jahr 1918 – zu denen der oben zitierte Schlußabsatz gehört – findet sich eine Stelle, in der Rudolf Steiner ausspricht, daß er «die Erfahrung gemacht hat, daß mancher Leser nicht genau genug gelesen hat» (GA 4, S. 132). Der Leser, der die *Philosophie der Freiheit* mit dem «intuitiven Denken», mit dem Herzdenken erschließt, wird in ihr die ganze Fülle der «Mitteilungen der Geisteswissenschaft» finden, gestaltet in den Formen der *Herzgedanken*.

II.

«Der sicherste und nächstliegende Weg für den Geistesschüler, zu solchem sinnlichkeitsfreien Denken zu kommen, kann der sein, die ihm von der Geisteswissenschaft mitgeteilten Tatsachen der höheren Welt zum Eigentum seines Denkens zu machen. Diese Tatsachen können von den physischen Sinnen nicht beobachtet werden. Dennoch wird der Mensch bemerken, daß er sie *begreifen* kann, wenn er nur Geduld und Ausdauer genug hat. Man kann ohne Schulung nicht in der höheren Welt forschen, man kann darin nicht selbst Beobachtungen machen;

aber man kann ohne die höhere Schulung alles verstehen, was die Forscher aus derselben mitteilen.» (GA 13, S. 340.) Um diese Mitteilungen *verstehen* zu können, muß jedoch der Geistesschüler sie zu einer Erkenntnis bringen durch die Verarbeitung seiner – schon vorhandenen – Vorstellungen unter Einsatz des logischen Denkens. Der Geistesschüler, der nicht durch direkte eigene Beobachtung zu Erkenntnissen der höheren Welten gelangen kann, wird also in bezug auf solche Erkenntnisse vom geistigen Forscher und von den sinnlichen Vorstellungen abhängig sein, durch die er dessen Mitteilungen verstehen kann. Auf dem ersten Weg wird man sich also immer auf die Krücken der sinnlichen Vorstellungen stützen müssen, durch die allein das logische Denken funktioniert, um das angestrebte Verständnis zu erlangen.

Der nicht «nächstliegende» zweite Weg ist im Gegensatz zum ersten dadurch charakterisiert, daß er von vornherein sinnlichkeitsfrei ist. Da auf diesem Weg nicht das Gehirn, sondern das Herz als Werkzeug für die Denkprozesse gebraucht wird, tritt an die Stelle des logischen Denkens das vorstellungsfreie, also sinnlichkeitsfreie Herzdenken. Deshalb ist dieser Weg schwieriger als der erste Weg: er ist völlig neu, und man schlägt ihn ein, ohne noch über das dafür nötige Denken zu verfügen; man muß, indem man ihn einschlägt, gleichzeitig die eigenen «Verkehrsmittel» dafür selbst schaffen, wenn man vorankommen will. Auf dem Schulungsweg der *Philosophie der Freiheit* entwickelt man allmählich das Herzdenken. Dieses wird ausgebildet nicht durch das Verstehen der Inhalte der *Philosophie der Freiheit,* sondern durch das Ringen mit der «trockenen, mathematischen Stilweise» des Buches, in «inneren Erschütterungen, Spannungen und Lösungen» (GA 28, S. 436). Das Ziel des ersten Weges, des Vorstellungsweges, ist es, allmählich in den zweiten, vorstellungsfreien Weg einzumünden (siehe S. 15).

*

Vom Gesichtspunkt der Menschheitsentwicklung aus gesehen, ist der erste Schulungsweg für den Abstieg des Menschen ins *Dasein*, für die Verbindung mit der Materie geeignet; die esoterische Schulung führte in der Vergangenheit zum «mystischen» Tod, heute muß das an die Sinne gebundene Denken dem Tode preisgegeben werden. Den zweiten Weg wird der Mensch einschlagen, um in die geistige Welt, in das *Sein*, aufzusteigen; auf diesem Weg *muß* der Mensch in sich den Tod des alten Denkens durchmachen und durch diesen Tod das alte Denken überwinden, um die Auferstehung im neuen Denken erleben zu können. Menschheitsgeschichtlich betrachtet ist der erste Weg der Denk-Weg der Inkarnation; der zweite Weg ist der Denk-Weg der Exkarnation, durch den sich der Mensch am Ende der Zeiten vom Verlangen nach Inkarnation und von deren Notwendigkeit befreien wird.

Heute und noch für längere Zeit laufen beide Wege nebeneinander her, aber nur der zweite Weg ist heute wirklich zeitgemäß und wird in Zukunft immer mehr an Bedeutung gewinnen.

Da es noch Menschen gibt, die aus irgendwelchen ihnen wichtigen Gründen den ersten Weg einschlagen wollen, war es notwendig, diesen für die Gegenwart *neu zu bauen.* Dies war es, was Rudolf Steiner am Anfang dieses Jahrhunderts geleistet hat: In seinen schon mehrfach erwähnten Schriften hat er den alten Schulungsweg für die Weiterentwicklung der Chakras erneuert. Dieser *erneuerte Weg* ist sicherer als der traditionelle, der heute nicht mehr ohne Gefahren ist und nicht in die Zukunft führt – wie dies so oft an den «Verunglückten» aus der New-Age-Bewegung zu sehen ist. Diesem erneuerten alten Schulungsweg gegenüber hat Rudolf Steiner den Weg der *Philosophie der Freiheit* als *neuen Weg* eröffnet.

Dieser neue Weg ist der Michaelische Weg, mit dem Holz des Baumes des Lebens befestigt. Er wurde durch das Micha-El-Ereignis eingeweiht, um für das *wahre* New Age den direkten, aber steilen Weg zu höheren Welten gangbar zu machen. So könnte man sagen: Mit der Eröffnung dieses Weges wurden gleichzeitig durch Rudolf Steiner eine *neue Esoterik* und eine neue esoterische Schule begründet. (Als die alte Esoterik Ende des letzten Jahrhunderts an die Öffentlichkeit trat, also exoterisch wurde, insbesondere durch die Veröffentlichungen von H. P. Blavatsky und Rudolf Steiner, wurde sie durch die neue Esoterik der *Philosophie der Freiheit* ersetzt.)

*

So gibt es seit dem Ende des letzten Jahrhunderts zwei Schulungswege der Esoterik, zwei Arten der Esoterik, zwischen denen der Suchende entsprechend seiner inneren Beschaffenheit, seinen Fähigkeiten und Interessen wählen kann. Ein Beispiel dafür ist das Leben des Malers August Ewerbeck (1885 – 1961), der ein Freund Rudolf Steiners war und seit 1904 Mitglied der damaligen Theosophischen Gesellschaft. Der folgende Text stammt aus einem kurzen Totengedenken von Karl Köller für August Ewerbeck:

«Er bekam von Rudolf Steiner auch schriftliche Aufgaben: Er solle zum Beispiel ausarbeiten ‹Das Verhältnis von Denken und Sein› … Als im ersten Jahrzehnt unseres Jahrhunderts Ewerbeck davon hörte, daß es intime Kreise gäbe, in denen Rudolf Steiner die dort Zugelassenen auf besondere Art schule, fragte er seinen Lehrer, ob er wohl auch dort aufgenommen werden könne. Da gab Rudolf Steiner die verblüffende Antwort: ‹Das haben Sie doch nicht nötig! Sie haben doch meine ‹Philosophie der Freiheit› verstanden!›» (Mitteilungen, S. 53.)

*

Historisch betrachtet, wurde der «zweite» esoterische Schulungsweg von Rudolf Steiner durch die 1893 erfolgte Veröffentlichung seiner *Philosophie der Freiheit* begründet, bevor er den «ersten» esoterischen Weg 1904 durch *Wie erlangt man Erkenntnisse der höheren Welten?* für die Öffentlichkeit erneuerte. Dieser zweite Schulungsweg gründet auf dem Herzdenken der *Philosophie der Freiheit.* Dieser Grund wurde aber von den meisten damaligen Geistesschülern nicht erkannt; er blieb immer noch esoterisch, geheim. Neben zahlreichen Andeutungen und mehr oder weniger direkten Hinweisen versuchte Rudolf Steiner immer wieder, die Geistesschüler – insbesondere die Mitglieder der damaligen Theosophischen und der späteren Anthroposophischen Gesellschaft –, die nur den erneuerten esoterischen Schulungsweg eingeschlagen hatten, mit sehr deutlichen Worten auf *Die Philosophie der Freiheit* aufmerksam zu machen: «Das hat man eben nicht mitgemacht, die ‹Philosophie der Freiheit› anders zu lesen, als andere Bücher gelesen werden. Und das ist es, worauf es ankommt, und das ist es, worauf jetzt mit aller Schärfe hingewiesen werden muß, weil sonst eben einfach die Entwickelung der Anthroposophischen Gesellschaft ganz und gar zurückbleibt hinter der Entwickelung der Anthroposophie. Dann muß die Anthroposophie auf dem Umwege durch die Anthroposophische Gesellschaft von der Welt ja gänzlich mißverstanden werden, und dann kann nichts anderes herauskommen als Konflikt über Konflikt!» (GA 257, S. 58.) Solche Hinweise scheinen jedoch immer wieder überhört worden zu sein. Gegen Ende seines Lebens deutete Rudolf Steiner mehrmals an, daß auch die Esoterik der *Philosophie der Freiheit*, das Herzdenken, noch immer unentdeckt sei: «Daher ist jene Stimmung in der ‹Philosophie der Freiheit› – die meisten entdecken sie gar nicht –, die überall an das künstlerische Element anschlägt.» (GA 217, S. 151.)

*

Das alles deutet nicht nur darauf hin, daß das *Herzdenken* das Wichtigste und das wirklich Neue ist, sondern auch darauf, daß das «Urphänomen», aus dem alles Künftige hervorgeht, als das Neue zeitlich vor dem Erneuerten liegt, denn das Erneuerte kann nur auf dem Grund des Neuen entstehen. Aus dem Herzdenken bildete Rudolf Steiner zunächst den wirklich esoterischen Schulungsweg der *Philosophie der Freiheit,* den «zweiten Weg», und danach erneuerte er den alten Schulungsweg, den «ersten Weg», der als «anthroposophischer Schulungsweg» bekannt geworden ist. Das Zeitgeheimnis, das mit der Erscheinung des Herzdenkens zusammenhängt, ist dieses: das Herzdenken war Sinn und Ergebnis der Micha-El-Einweihung Rudolf Steiners an der Jahreswende 1879/80.

* *
*

BESONDERE ASPEKTE DER SCHULUNG

I.

Es wurde bisher versucht, Wesen und Aufgabe der sogenannten Nebenübungen für den anthroposophischen Schulungsweg sowie die ihnen entsprechende Denkart aus der Perspektive eines Schülers der Anthroposophie Rudolf Steiners zu erläutern. Auf diesem *Schulungsweg* muß ganz am Anfang auch die Frage nach einem Lehrer und der Beziehung zu ihm beantwortet werden, will man einen gesunden und fruchtbaren Lernprozeß entwickeln. Denn wie alle Schulung setzt auch eine esoterische Schulung eine Lehrer-Schüler-Beziehung voraus; diese Bedingung hat auch Geltung für die Selbsterziehung, nur daß hier Erzieher und Erzogener die gleiche Person sind beziehungsweise der Geistesschüler sein eigener Lehrer sein muß.

Die Frage nach der Notwendigkeit eines Lehrers, in diesem Fall in bezug auf die Nebenübungen, hat Rudolf Steiner prinzipiell und bejahend beantwortet. Die Bedingung, daß solche Übungen nur unter dem Lehrer-Schüler-Verhältnis gemacht werden sollen, war in den grundlegenden zwei Aufsätzen zu diesem Thema festgelegt: ganz am Anfang des Kapitels «Über einige Wirkungen der Einweihung» in *Wie erlangt man Erkenntnisse der höheren Welten?* und im ersten Kapitel von *Die Stufen der höheren Erkenntnis*, wo die Übungen für die Entwicklung der Chakras geschildert werden. Diese Bedingung wird folgendermaßen formuliert:

«Es gehört zu den Grundsätzen wahrer Geheimwissenschaft, daß derjenige, welcher sich ihr widmet, dies mit vollem Bewußtsein tue. Er soll nichts vornehmen, nichts üben, wovon er nicht weiß, was es für eine Wirkung hat. Ein Geheimlehrer, der jemand einen Rat oder eine Anweisung gibt, wird immer zugleich sagen, was durch die Befolgung in Leib, Seele oder Geist desjenigen eintritt, der nach höheren Erkenntnissen strebt.» (GA 10, S. 115.) – «Es ist schon öfters in diesen Aufsätzen über höhere Erkenntnis gesagt worden, daß die besonderen Anweisungen über solche Übungen nur von Mensch zu Mensch gegeben werden. Niemand sollte auf eigene Hand diese Übungen unternehmen, denn nur wer Erfahrung auf diesem Gebiete hat, kann ermessen, welche Wirkung bei dem einen oder dem anderen Menschen sich einstellen muß, wenn er es unternimmt, seine Seelenarbeit von dem Leibe abzuziehen und in einer höheren Art anzuwenden.» (GA 12, S. 25f.)

Diese Forderung Rudolf Steiners gilt nicht unter allen Umständen. Sie bezieht sich nur auf die genannten Übungen für die Chakras, nicht aber auf die in den ersten fünf Kapiteln von *Wie erlangt man Erkenntnisse der höheren Welten?* beschriebenen Übungen; diese sind mit dem gewöhnlichen logischen Denken völlig nachvollziehbar und erfordern daher weder das überlogische Denken noch einen hellsichtigen Lehrer. Für die Chakra-Übungen jedoch bleibt die Bedingung unverändert gültig; sie wurde in den weiteren Auflagen von *Wie erlangt man Erkenntnisse der höheren Welten?* nicht verändert. Die Auffassung, Rudolf Steiner habe durch das «Nachwort» zur Ausgabe von 1918 diese Bedingung aufgehoben, scheint dem Verfasser nicht fundiert zu sein; das wird am Ende des Kapitels zu begründen versucht.

II.

Die Forderung, den Schulungsweg nur mit Hilfestellung eines Lehrers zu gehen, setzt eine ganz persönliche, unmittelbare Vermittlung zwischen Geisteslehrer und Geistesschüler voraus. Es handelt sich hier nicht um eine allgemeine, sondern um eine durchaus individuelle Anweisung oder Begleitung bei der Belebung geistiger Organe (Chakras), jeweils für die realen Wesensglieder eines konkreten Menschen. So ist zu verstehen, daß der Lehrer «einen Rat oder eine Anweisung» immer nur «von Mensch zu Mensch» vermitteln soll, entweder mündlich oder auch schriftlich, dieses letztere aber immer in persönlicher Form, etwa eines persönlichen Briefes.

All dies zeigt deutlich, daß solche Vermittlungen gar nicht für die allgemeine Öffentlichkeit geeignet sind. Die Anweisungen, die Rudolf Steiner seinen Schülern gab, können, auch wenn sie veröffentlicht wurden, nicht als allgemeine Anweisungen auch für andere Schüler gelten. Denn was in diesem Bereich für die Bedürfnisse und die Entwicklungsziele eines einzelnen Menschen seine volle Berechtigung hat, muß eine solche nicht auch für andere Menschen haben, weder für eine kleine Menschengruppe noch für einen einzelnen, denn *jeder Mensch ist einzigartig*. Eine solche Betrachtung wird notwendigerweise die Art in Frage stellen müssen, wie die Veröffentlichungen des «esoterischen Gutes» Rudolf Steiners von nach einer esoterischen Schulung Strebenden verstanden wurden.

Die Tatsache, daß *Wie erlangt man Erkenntnisse der höheren Welten?*, *Die Stufen der höheren Erkenntnis* und *Die Geheimwissenschaft im Umriß* als Bücher für die Öffentlichkeit bestimmt waren, bedeutet, daß sie der Leserschaft nur eine allgemeine Kenntnis vermitteln sollten und nicht als Anweisungen für die individuelle Entwicklung einzelner Menschen gedacht waren. Rudolf Steiner selbst hat diese Bücher als «theosophische Handbücher» bezeichnet (GA 12, S. 29 und an anderen Stellen) und nicht als theosophische, anthroposophische oder esoterische Schulungstexte. (Ein Handbuch bezieht sich auf eine Sache und nicht auf den Benutzer. Auf den Geistesschüler selbst können sich nur diejenigen Anweisungen beziehen, die auf der Grundlage der im Handbuch geschilderten allgemeinen Tatsachen für einen bestimmten Schüler gestaltet sind.) Diesen Veröffentlichungen steht eine andere Schrift Rudolf Steiners gegenüber, die von der eigenen Erfahrung auf einem solchen Weg erzählt: *Die Philosophie der Freiheit* «soll nicht den ‹einzig möglichen› Weg zur Wahrheit führen, aber sie soll von demjenigen *erzählen,* den einer eingeschlagen hat, dem es um Wahrheit zu tun ist.» (GA 4, S. 269.) Dieses Buch kann eigentlich als ein offener Brief an die Welt betrachtet werden; es vermittelt konkrete Übungen und Erfahrungen, die als ein Vorbild für andere Geistesschüler geeignet sind.

Man muß ganz sauber unterscheiden zwischen einer Vermittlung von Tatsachen oder allgemeinen Anweisungen, die für viele oder alle Menschen Geltung haben, und Anweisungen für die Entwicklung eines bestimmten Menschen, die nur ihn allein und keinen anderen betreffen. Im ersten Fall gelten im Grunde genommen mehr die allgemeinen wissenschaftlichen Prinzipien, im zweiten Fall mehr die künstlerischen Gestaltungen. Der folgende Passus zeigt, wie Rudolf Steiner selbst die für eine esoterische Schulung unentbehrliche Unterscheidung erläutert:

«In einer solchen Schrift wie zum Beispiel ‹Wie erlangt man Erkenntnisse der höheren Welten?› kann man das, was über die menschliche Entwickelung gesagt werden soll, doch nur so bringen, daß es gewissermaßen anwendbar ist auf jede menschliche Individualität, die daran geht, in gewisser Weise die Schritte hinaufzulenken in die höheren Welten, auf jede menschliche Individualität. Dadurch gewinnt eine derartige Schrift bei aller Konkretheit dennoch einen abstrakten Charakter, man möchte sagen, einen halb theoretischen Charakter. Denn das eine müssen wir festhalten: Entwickelung ist nicht Entwickelung überhaupt! – Es gibt keine Entwickelung an sich, keine Entwickelung im allgemeinen; es gibt nur die Entwickelung des einen oder des anderen oder des dritten, des vierten oder des tausendsten Menschen. Und so viele Menschen in der Welt sind, so viele Entwickelungsprozesse muß es geben. Daher muß die wahrste Schilderung des okkulten Erkenntnisweges im allgemeinen einen Charakter haben, der in einer gewissen Weise sich nicht deckt mit einer individuellen Entwickelung. Will man Entwickelung, so wie sie sich erschaut in der geistigen Welt, wirklich hinstellen, so kann das nur geschehen, wenn man die Entwickelung eines einzelnen Menschen gestaltet, wenn man in die Individualität umsetzt, was für alle Menschen wahr ist. Liegt in der Schrift ‹Wie erlangt man Erkenntnisse der höheren Welten?› gewissermaßen der Anfang des Entwickelungsgeheimnisses eines jeden Menschen, so liegt in dem Rosenkreuzermysterium das Entwickelungsgeheimnis eines einzelnen Menschen, des Johannes Thomasius. So war ein weiter Weg von alledem, was okkulte Entwickelungsgesetze sind, bis herunter zu einem einzelnen, wirklich realen Menschen. Und bei diesem Entwickelungsprozeß, bei diesem Wege mußte sich etwas fast ganz umkehren, was in den ‹Erkenntnissen der höheren Welten› enthalten ist und was dort Theorie werden kann.» (GA 125, a, S. 126.)

«In dem Buch ‹Wie erlangt man Erkenntnisse der höheren Welten?› ist die Entwickelung dargestellt, wie sie bei jedem Menschen sein kann, also einzig die Möglichkeit, wie sie real sein kann. Wenn man Johannes Thomasius darstellt, schildert man einen einzelnen Menschen. Aber dadurch beraubt man sich der Möglichkeit, die Entwickelung im allgemeinen zu schildern.» (GA 125, b, S. 121.)

(Die zitierten Stellen stammen aus Vorträgen, die Rudolf

Steiner im Zusammenhang mit der Aufführung seines ersten Mysteriendramas *Die Pforte der Einweihung* gehalten hat.)

Friedrich Rittelmeyer, der bekannte Anthroposoph und intime Geistesschüler Rudolf Steiners, hat auf die besonderen Gründe aufmerksam gemacht, warum nur ganz individuelle Formen von Übungen oder Übungssystemen für einen einzelnen Menschen geeignet sind:

«Wenn Rudolf Steiner einzelne Menschen auf Grund ihrer Begabung und ihres Schicksals für geeignet hielt, näher an die Offenbarungen der Geisteswelt herangeführt zu werden, so gab er ihnen Geistesübungen, die miteinander ein genaues System bildeten, das diesem einzelnen Menschen angepaßt war ... Zur unmittelbaren Entwicklung der in dem Buch ‹Wie erlangt man Erkenntnisse der höheren Welten?› geschilderten höheren Erkenntnisorgane hat Rudolf Steiner nur ganz selten und nur unter strengen moralischen Voraussetzungen einigen wenigen Menschen Ratschläge gegeben.» (Rittelmeyer, S. 28.)

III.

Im «Nachwort» zu *Wie erlangt man Erkenntnisse der höheren Welten?* findet sich die folgende Aussage, die dem Verfasser als entscheidend erscheint, um die Frage nach einem persönlichen Lehrer zu einer befriedigenden Antwort zu führen:

«Man nehme doch ein solches Buch, wie dieses ist, wie ein Gespräch, das der Verfasser mit dem Leser führt. Wenn gesagt ist: der Geheimschüler bedürfe der persönlichen Anweisung, so fasse man dies doch so auf, daß das Buch selbst eine solche persönliche Anweisung ist. In früheren Zeiten gab es Gründe, solche persönlichen Anweisungen dem mündlichen Geheim-Unterrichte vorzubehalten; gegenwärtig sind wir auf einer Entwickelungsstufe der Menschheit angelangt, in der das geisteswissenschaftliche Erkennen eine viel größere Verbreitung erfahren muß als früher. Es muß in ganz anderem Maße jedem zugänglich sein als in alter Zeit. Da tritt eben das Buch an die Stelle der früheren mündlichen Unterweisung. Der Glaube, daß man durchaus über das in dem Buche Gesagte hinaus noch eine persönliche Unterweisung brauche, hat nur eine bedingte Richtigkeit. Der Eine oder der Andere kann ja freilich ein persönliches Nachhelfen brauchen, und ein solches kann ihm bedeutungsvoll sein. Aber es führte in die Irre, wenn man meinte, es gäbe Hauptsachen, die man im Buche nicht finde. Man findet sie, wenn man recht und namentlich wenn man *vollständig* liest.» (GA 10, S. 222f.)

Aufgrund dieser Worte ist die Auffassung entstanden, Rudolf Steiner habe damit sagen wollen, daß das Buch den Geisteslehrer ersetze. Daß diese Meinung bei vielen Lesern entstanden ist, kann man gut verstehen, denn so *scheint* es gesagt zu sein: *«Da tritt eben das Buch an die Stelle der früheren mündlichen Unterweisung.»* Und doch hat Rudolf Steiner damit den erwähnten einleitenden Satz des Kapitels «Über einige Wirkungen der Einweihung», wo die Notwendigkeit eines persönlichen Lehrers festgestellt wird, *nicht aufgehoben.* Hat er sich selbst widersprochen, oder haben die hier zitierten Sätze eine verhüllte Bedeutung? Der Schlüssel liegt zunächst in den beiden Sätzen, die Rudolf Steiner dadurch in ein bestimmtes Verhältnis zu diesem Satz brachte, daß er sie symmetrisch dazu stellte: *«Man nehme doch ein solches Buch, wie dieses ist, wie ein Gespräch, das der Verfasser mit dem Leser führt»* und *«Man findet sie, wenn man recht und namentlich wenn man* vollständig *liest».* Eine genauere Betrachtung dieser Sätze – die oft übersehen werden – kann Folgendes ergeben.

Die Aufforderung, das Buch «recht und vollständig» zu lesen, weist darauf hin, daß es mit derselben Denkart gelesen werden muß, mit welcher es gedacht und geschrieben wurde; erst dann kann man, was in ihm steht, wirklich lesen und denken. Das scheint zunächst selbstverständlich, denn dasselbe Denken beim Autor und beim Leser ist für das Verstehen eine unabdingbare Voraussetzung – gerade deshalb denkt man nicht weiter darüber nach. Wie soll aber diese Übereinstimmung möglich sein, wenn einerseits der Autor das überlogische, das Herzdenken benutzt hat, um das Buch zu denken und zu schreiben – natürlich hat er es in das logische Denken und in die deutsche Sprache übertragen, damit es überhaupt gelesen werden kann –, und andererseits der Leser nur in der normalen Sprache liest und das Gesagte nur aufgrund des logischen Denkens versteht? Durch diesen Satz hat Rudolf Steiner versucht, den Leser darauf aufmerksam zu machen, daß sein Buch anders gelesen werden muß als andere Bücher, wenn die «Hauptsachen» herausgefunden werden sollen. Denn diese sind im Buch verborgen. Erkennt der Leser sie nicht, wird er das Buch nur unvollständig lesen und verstehen – daher die Hervorhebung des Wortes «vollständig».

Das Schlüsselwort «Gespräch» weist hin auf die rechte und vollständige Art des Lesens. (Hier wird das Ergebnis *vor* die Ursache gestellt.) Wer also das Buch so lesen kann, wird mit dem Autor ins Gespräch kommen, im vollen Sinne dieses wunderbaren deutschen Wortes, das man nur ganz schwer oder überhaupt nicht in andere Sprachen übersetzen kann. In einem so verstandenen Gespräch ist – ganz im Gegensatz zu einer Diskussion oder einer Unterhaltung – die Gleichheit der Vermittlungsart und der geistigen Verbindungsmöglichkeit zwischen den Gesprächspartnern Voraussetzung: das gemeinsame Streben zum Ziel des Gesprächs, das Vertrauen der Intention, die Sicherheit im gegenseitigen Verstehen, die einander geöffneten Seelen. *Ein Gespräch geht von Herz zu Herz.* In diesem Sinne soll man auch ein Gespräch zwischen dem Geistesschüler und Rudolf Steiner verstehen: es kann nur stattfinden, wenn die beiden Gesprächspartner dieselbe Denkart, dasselbe Herzdenken verwenden: «Die Art und Weise, wie ich das in meinem Buche ‹Wie erlangt man Erkenntnisse der höheren Welten?› geben mußte, war eine solche, daß sie lebendiges Denken notwendig machte, nicht totes Denken.» (GA 217, S. 48.) Der Geistesschüler, der das Buch «recht und vollständig» liest, wird mit Rudolf Steiner in ein Gespräch kommen können, wodurch die Möglichkeit entsteht, daß er von Rudolf Steiner selbst weitere Erläuterungen über den Inhalt des Buches sowie «persönliche Anweisungen» bekommt. In diesem Augenblick hebt sich der erwähnte Widerspruch auf.

Liest man *Wie erlangt man Erkenntnisse der höheren Welten?* so, wie man andere Bücher liest – man kann selbstverständlich auch andere Bücher mit Ernst, Intensität, Hingabe und Aufmerksamkeit lesen –, dann bleibt dieses Buch eine allgemeine, theoretische esoterische Abhandlung; liest man es aber *anders,* dann wird es jedesmal zu einem realen Gespräch mit Rudolf Steiner kommen, natürlich in der dem jeweiligen Leser entsprechenden Gestalt.

BRÜCKENSCHLAG

Es wurde in dieser Schrift zu zeigen versucht, daß die Sechs Übungen gegenüber allen anderen Übungen zur Belebung der Chakras sowie allen Hauptübungen, Meditationen und so weiter eine besondere Stellung einnehmen. Sie stehen dadurch vor allen anderen Übungen auf dem erneuerten esoterischen Schulungsweg, daß sie für deren Ausführung den richtigen Rahmen oder das Gerüst, den Ansatz, die Stimmung oder innere Haltung immer wieder neu schaffen. Man wird so eine bestimmte Eigenschaft erkennen können, durch die sich eine besondere Verwandtschaft mit dem neuen esoterischen Weg offenbart. Das Herzdenken, welches der Geisteslehrer verwendet hat, um diese Übungen zu gestalten, ist gerade das, was der Geistesschüler für die Weiterentwicklung und Vertiefung beziehungsweise Erhebung seines Denkbewußtseins gewinnen kann, wenn er den entscheidenden Schritt von dem erneuerten alten Schulungsweg zu dem in der *Philosophie der Freiheit* dargestellten neuen Schulungsweg machen kann oder will. Um dieser Möglichkeit entgegenzukommen, hat Rudolf Steiner seine Schrift für die zweite Auflage bearbeitet: Vor den eigentlichen Wortlaut des Buches hat er eine Art von «Nebenübungen» gestellt. Mit Rücksicht auf den Schulungsweg aus *Wie erlangt man Erkenntnisse der höheren Welten?* hat er für die zweite, endgültige Fassung in die *sechs* Absätze der «Vorrede zur Neuausgabe (1918)» die *Sechs* Übungen, natürlich entsprechend verwandelt, tief hineingeheimnist und so die Hauptbücher der zwei esoterischen Schulungswege *formal* miteinander verbunden. –

LITERATURVERZEICHNIS

AGRIPPA VON NETTESHEIM, *De Occulta Philosophia. Drei Bücher über die Magie*. Nördlingen 1987.

ATWATER, P. M. H., *Beyond the Light*. New York 1995.

BARFOD, WERNER, *«Ich denke die Rede …» – Leitsatzübung der Eurythmie.* Dornach 1993.

BELBEOCH, MARC, A propos du «Je pense la parole» et des six exercices d'harmonisation de l'âme. In: *Rudolf Steiner, Les six exercices.* Editions Les trois Arches, Chatou o. J.

BELYJ, ANDREJ, *Verwandeln des Lebens.* Basel 1975.

BRENNAN, BARBARA ANN, *Licht-Arbeit*. München 1990.

Flensburger Hefte Nr. 51, Winter 1995. *Im Anblick des Lichtwesens.* Interview mit Yolande Eck von Florin Lowndes.

Flensburger Hefte Nr. 47, Winter 1994: *Übungen zur Selbsterziehung.*

HUNT, VALERIE, *Infinite Mind*. Malibu CA 1995.

KLIMA, JULIE, Erinnerungen an Rudolf Steiner. In: LUDWIG POLTZER-HODITZ, *Erinnerungen an Rudolf Steiner.* Dornach 1985.

KÖNIG, KARL, *Der innere Pfad.* Stuttgart 1995.

LEADBEATER, CHARLES, *Die Chakras*. Freiburg im Breisgau 1994.

Mitteilungen aus der anthroposophischen Arbeit in Deutschland. Ostern 1972.

MORGENSTERN, CHRISTIAN, «Meditationen», aus Nachlese zu «Wir fanden einen Pfad». *Werke und Briefe,* Stuttgarter Ausgabe, Band II: Lyrik 1906 – 1914. Stuttgart 1992.

PETROSKI, HENRY, *Der Bleistift*. Basel / Boston / Berlin 1995.

RING, KENNETH, *Towards Omega.* New York 1985.

RITTELMEYER, FRIEDRICH, *Meditation. Zwölf Briefe über Selbsterziehung.* 12. Aufl. Stuttgart 1989.

SHARAMON UND BAGINSKI, *Das Chakra-Handbuch.* Aitrang 1988.

STEINER, RUDOLF (zitiert wird nach der im Rudolf Steiner Verlag Dornach erscheinenden Gesamtausgabe = GA)

GA 4 *Die Philosophie der Freiheit. Grundzüge einer modernen Weltanschauung – Seelische Beobachtungsresultate nach naturwissenschaftlicher Methode.* 16. Aufl. 1995.

GA 9 *Theosophie. Einführung in übersinnliche Welterkenntnis und Menschenbestimmung.* 31. Aufl. 1987.

GA 10 *Wie erlangt man Erkenntnisse der höheren Welten?* 24. Aufl. 1993.

GA 12 *Die Stufen der höheren Erkenntnis.* 7. Aufl.1993.

GA 13 *Die Geheimwissenschaft im Umriß.* 30. Aufl. 1989.

GA 26 *Anthroposophische Leitsätze. Der Erkenntnisweg der Anthroposophie – Das Michael-Mysterium.* 9. Aufl. 1989.

GA 28 *Mein Lebensgang.* 8. Aufl.1982.

GA 53 *Ursprung und Ziel des Menschen. Grundbegriffe der Geisteswissenschaft.* 2. Aufl. 1981.

GA 54 *Die Welträtsel und die Anthroposophie.* 2. Aufl. 1983.

GA 55 *Die Erkenntnis des Übersinnlichen in unserer Zeit und deren Bedeutung für das heutige Leben.* Vortrag vom 28. Februar 1907 in Berlin. 2. Aufl. 1983.

GA 94 *Kosmogonie. Populärer Okkultismus. Das Johannes-Evangelium. Die Theosophie an Hand des Johannes-Evangeliums.* 1979.

GA 95 *Vor dem Tore der Theosophie.* 4. Aufl. 1990.

GA 97 *Das christliche Mysterium.* 2. Aufl. 1981.

GA 119 *Makrokosmos und Mikrokosmos. Die große und die kleine Welt. Seelenfragen, Lebensfragen, Geistesfragen.* Vorträge vom 29. und 31. März 1910 in Wien. 3. Aufl. 1988.

GA 125 *Wege und Ziele des geistigen Menschen. Lebensfragen im Lichte der Geisteswissenschaft.* 2. Aufl. 1992. a: Vortrag vom 31. Oktober 1910 in Berlin; b: Vortrag vom 17. Oktober 1910 in Basel.

GA 156 *Okkultes Lesen und okkultes Hören.* Vortrag vom 6. Oktober 1914 in Dornach. 2. Aufl. 1987.

GA 161 *Wege der geistigen Erkenntnis und der Erneuerung künstlerischer Weltanschauung.* Vortrag vom 1. Mai 1915 in Dornach. 1980.

GA 217 *Geistige Wirkenskräfte im Zusammenleben von alter und junger Generation.* Pädagogischer Jugendkurs. Vorträge vom 5. und 12. Oktober 1922 in Stuttgart. 5. Aufl. 1979.

GA 245 *Anweisungen für eine esoterische Schulung.* Aus den Inhalten der «Esoterischen Schule».Vergriffen. Neu aufgenommen in GA 267.

GA 257 *Anthroposophische Gemeinschaftsbildung.* Vortrag vom 6. Februar 1923. 4. Aufl. 1989.

GA 266 *Aus den Inhalten der esoterischen Stunden.* Band I: Stunden der Jahre 1904-1909. 1995.

GA 267 *Seelenübungen.* I. Übungen mit Wort- und Sinnbild-Meditationen zur methodischen Entwicklung höherer Erkenntniskräfte. 1904-1924. 1. Aufl. 1997.

GA 279 *Eurythmie als sichtbare Sprache. Laut-Eurythmie-Kurs.* Vortrag vom 12. Juli 1924. 5. Aufl. 1990.

GA 317 *Heilpädagogischer Kurs.* Vortrag vom 5. Juli 1924 in Dornach. 5. Aufl. 1975.

GA 350 *Rhythmen im Kosmos und im Menschenwesen. Wie kommt man zum Schauen der geistigen Welt?* Vortrag vom 28. Juni 1923 in Dornach. 3. Aufl. 1991.

STRAKOSCH, ALEXANDER, Die Bedeutung des Studiums im anthroposophischen Erkenntnisweg. In: *Blätter für Anthroposophie,* 6. Jg., Nr. 7, Juli 1954.

Abbildungsnachweis

Die Abbildungen auf den Seiten 29, 30, 31 stammen aus dem Buch «Licht-Arbeit» von Barbara Ann Brennan, mit freundlicher Genehmigung des Goldmann Verlages, München. Alle übrigen Abbildungen stammen, sofern nicht anders angegeben, vom Autor.

FRANK TEICHMANN

Auferstehung im Denken

Der Christusimpuls
in der «Philosophie der Freiheit»
und in der Bewußtseinsgeschichte
170 Seiten, kartoniert

Daß die Entwicklung des Denkens mit den Tatsachen von Tod und Auferstehung zusammenhängt, war schon in der griechischen Philosophie seit Sokrates und Plato bekannt.

Was sich in Griechenland im Bilde zeigt und im Geistesleben vorbereitet, das geschieht durch das Erdenwirken Christi in der Wirklichkeit. Einer der ersten, die dieses Erlebnis nachvollziehen und verstehen, ist Paulus. Seine, zunächst esoterische Einsicht, setzt sich über die Schule des Dionysius Areopagita bis ins Mittelalter in die Schule von Chartres fort.

Erst mit der Entwicklung des naturwissenschaftlichen Weltbildes wird es möglich, diese Entwicklung des Denkens philosophisch nachzuvollziehen, am stärksten ausgeprägt im deutschen Idealismus bei Fichte, Schelling und Hegel. Dieses Bewußtsein drückt sich vor allem in der Möglichkeit aus, den Gedanken der Entwicklung denken zu können und diesen auf das Denken selber zu beziehen. Dieses Auferstehungserlebnis im Denken zugänglich zu machen war eines der Anliegen Rudolf Steiners mit seinem philosophischen Hauptwerk, der *Philosophie der Freiheit*.

VERLAG FREIES GEISTESLEBEN

STEFAN LEBER

Der Schlaf und seine Bedeutung

Geisteswissenschaftliche
Dimensionen des Un-
und Überbewußten
393 Seiten, geb. mit Schutzumschlag

Der Wechsel der Bewußtseinszustände, die Schlafen und Wachen mit sich bringen, stellt einen fundamentalen Lebensrhythmus des Menschen dar. Der Schlaf, der immerhin etwa ein Drittel unseres Lebens umfaßt, erweist sich als Rätsel dadurch, daß wir nicht wissen, was eigentlich während dieses Zustandes vor sich geht. Nur wenn er gestört wird oder zu kurz ausfällt, wird uns klar, wie wichtig er für unser Grundgefühl, unsere Gesundheit und die «Nerven» ist. Der Schlaf ist heute ein von der wissenschaftlichen Forschung ausgiebig untersuchtes Phänomen, jedoch geben die zahlreichen empirischen Forschungsergebnisse viele Rätsel auf.
Stefan Leber untersucht in seiner Darstellung zum ersten Mal in zusammenhängender Form sämtliche Aussagen Rudolf Steiners über den Schlaf. Er kommt dabei zum Teil zu sehr überraschenden und aufschlußreichen Ergebnissen im Hinblick auf die wissenschaftliche Schlafforschung. Stefan Lebers Arbeit ist sowohl von psychologischem, als auch von pädagogischem Interesse.

VERLAG FREIES GEISTESLEBEN